與天使摔跤

尋找愛迪生，
重新定義自己

邱一新 著

目錄

Part 1 追尋愛迪生

Part 2 意外的旅程

推薦序

公路上的沉思者

李清志
建築作家、實踐大學建築設計系副教授

我與邱一新同樣都很喜歡公路旅行，在美國念書時，週末假日經常開著我的別克大車，在中西部各個城市鄉鎮探險，因為我認為只有開車深入中西部，才能真正了解美國。讀邱一新的書，有如帶你重新進入一段精彩的美國公路旅行。

當年我在研究所修了一門「美國都市規劃歷史」，有一本課程講義，內容是美國各個城市的歷史與法規訂定來龍去脈，我並不是躲在圖書館K這本書，而是帶著厚厚的講義，開車遊走各個城市，對照歷史與真實城市，可以說是一種「走讀」的學習方式，果然那學期我這門課考得很高分，任課教授還誇獎我，說以一個東方學生，居然可以對美國城市如此了解，非常不容易！

我以前念書的大學城安娜堡（Ann Arbor），就位於I94與US23公路的交接處，東西連接底特律與芝加哥等大城市，北上可以到密西根休倫市（愛迪生成長的城市），南下到俄亥俄州，所以對邱一新描述的公路旅行地區有種莫名的熟悉感；我也去過底特律的福特博物館，福特是愛迪生的摯友，因此這裡收藏了愛迪生的實驗室，還有據說封藏愛迪生最後一口氣的燈泡（不可思議？），然後還有林肯遇刺的那張椅子（上面還有血漬！），另外甘迺迪遇刺的敞篷大車也收在這裡，可以感覺到美國雖然建國只有兩百年，卻是努力去收藏並且製造歷史文物。

開車在美國各個城市漫遊，從一個城市到另一個城市，體驗不同城市的性格與生命力，雖然中間的公路駕駛過程很漫長，有時候還會覺得無聊，特別在是中西部地區，開著美國大車，設定好定速裝置，播放著鄉村音樂，公路兩旁都是玉米田，無聊到甚至把腳翹到窗戶上，只有小鎮警長開著警車出現時，才會讓人腎上腺素激增，重新警覺起來。

漫長的公路旅程給人很多沉澱的機會，思考在上個城市所看到的種種現象。

邱一新的美國公路旅行，像是一個偵探，也像是個哲學家，他追蹤愛迪生走過的城市，思考愛迪生的所作所為，同時在公路旅行中，不斷地自我反省與思考，他可以說是一位公路上的沉思者。從他過去的著作觀察，可以發現他總是可以從不同的角度去思考旅行，但是最戲劇性的一次，是關於愛迪生的追尋之旅，這趟旅行不單單只是一趟知性的旅程，同時也是一趟關於他人生重要轉捩點的旅行。

在《創世紀》中記載著雅各與天使，在博雅渡口摔跤的故事，這件事是雅各人生的轉捩點。他原本獨自面對人生許多的困難，靠著自己的計謀、甚至詐術，希望解決難關獲得幸福；但是雅各在這件事之後，人生有了改變，他瘸了腿，變得謙卑，倚靠上帝面對人生，最後甚至與結怨的哥哥和好，化解了多年來的敵對。

邱一新的旅行人生似乎也是如此，當他面對人生挫敗與失意之際，一次「尋找意義」的旅程，讓他重新改變人生觀，找到他的救贖與重生。邱一新的新書除了精彩豐富的知識性之外，也告訴了我們，旅行不是只為了「能知天下事」，更重要的是，給自己一次人生省思的機會，可以重新定義自己，正如英倫才子艾倫．狄波頓在《旅行的藝術》一書中所說的：「重要的不是你去了哪裡？而是你去了那裡，對你有什麼意義！」

推薦序

帶著問號突圍的錫蘭式邂逅

李偉文 作家

在這個已沒有未知之境可供冒險的時代，資深旅人邱一新用這本《與天使摔跤》提供我們全新的視野，來看待旅行除了吃喝玩樂之外，還有哪些可能性，他示範了如何解構眼前的所見景象，在生命的真實與虛幻交接的模糊地帶，一方面擴展自己的想像力，另一方面往內挖掘內心深處。

一新引用美國作家亨利．米勒的名言：「旅人的目的地從來就不是地方，而是一種看待事情的新方式。」這種新的旅行方法，雖然書中是以一場大發明家愛迪生的委託旅行開始，但是看完書，我們可以了解到任何人都可以如一新那樣的旅行，即使沒有人指定題目，但是只要從自己原本的興趣出發，帶著問題在旅行途中不停地叩問與思辨，就會有一場又一場令人驚豔或低迴沉思的「錫蘭式偶遇」。

Serendipity有人翻成錫蘭式邂逅或錫蘭式偶遇，但是若要讓沒見過這個名詞的人更了解的話，也有人翻成偶發力。這個名詞不斷在書中出現，因為不但愛迪生他一生兩千多種發明中，許多關鍵性的靈感都來自於偶發力，旅人在旅途中能獲得的真正成長與改變，往往也是來自於偶發力。

偶發力這個名詞來自於十八世紀一個童話故事「錫蘭三王子歷險記」，故事描述古代錫蘭的國王要求他三個兒子出國旅行，體驗人生增加歷練，這三位王子原本各有自己追尋的目標，但一路上卻用他們已準備好的知識，在旅途中有許多意外的發現，也幫助了許多人。

這個當時家喻戶曉的故事，被某個貴族借用，創造了新的英文單字，Serendipity，表面的意思指沒有預期，意外的發現，如果要更詳盡地定義這個詞，通常是指一個機靈的心智，經過刻意的尋找，卻偶然撞到原本毫無預期，一無所知的新發現。

這裡的機靈的心智與刻意的尋找，就是一新在接受委託被指定問題後開始準備的過程。這裡的準備有主題式的蒐集資料，但更多的是來自於一生的準備，就像一新來到紐約的第凡內，因為大學時代看的電影，奧黛麗赫本唱的〈月河〉，讓紐約不再是一個城市，而成為他的一個夢。

但是偶發力的敵人是太專注的追尋，太嚴謹規律的行程，就會喪失意外的可能，換句話說，形式愈自由，對不確定的容忍度愈高，碰觸到偶發力的機會就更多。

書名《與天使摔跤》也隱喻了旅行的另一個重大功能，就像一新遇到職涯的突然變化，就像眼前突然冒出的一堵牆，想不被困住，就只能突圍。旅行是生命突圍找到烏雲中的一線光的好機會，就像自古以來，很多求道者卡關時，就會上路，不管東方的雲水僧人或西方的朝聖者，行走在路上，始終都是生命突圍最好的方式。

不過一新這個資深的旅人也體會到，人生其實是一個又一個圍城所構成，好不容易離開圍城，又進入另一個圍城，是一次又一次的經驗未知，更是自我的無窮探索，因此，旅行的真諦，不只認識世界，也是認識自己。

一新在雀兒喜旅店碰到那位長住的老婦人說：「老了，沒有力氣旅行了，但我閱讀，就像旅行，都是追尋意義的過程。」不管我們現在能不能起身到世界各地探索，但是當我們拿起這本書，開始翻閱，就能立即開始屬於自己的尋找意義之旅。

推薦序

跟著前輩去旅行，他們知道的事，比搜尋引擎精彩太多

黃威融
跨界編輯人

不同的人有不同的旅行動機，昔日少年文青到中年大叔的我，受到好多創作前輩作品的啟發，特此分享。

退伍後到廣告公司寫文案的我，受到大學時期買的《往天涯的盡頭單飛》錄音帶（滾石唱片，一九八七年發行）啟發旅行的念頭，這是王新蓮和鄭華娟的創作專輯，主打歌是這樣唱的：行裝已經收好，心情好不好，已不再重要，終究要展翅昂首，往天涯的盡頭單飛。

三十歲以前幾年，我從工作兩年的廣告公司離職，第一次搭上歐洲的火車長途旅行，可惜的是，那趟旅行我並沒有像茱莉·蝶兒和伊森·霍克主演的《愛在黎明

破曉時》那樣，發展出影響劇中男女主角後半生的愛情故事。

後來我出版了第一本個人雜文集《旅行就是一種 Shopping》（新新聞出版，一九九七年。是的，就是那個接近消失的《新新聞》，出版了我的第一本書），其實我的旅行經驗完全不能跟專家前輩相比，但是那本書卻是許多人認識我的開始。多年後回想，是年少時沒見過世面的莽撞和無知，靠著旅行時認真蒐集採買的廉價物件，搭配我多年閱讀各式雜文音樂電影，構成一本充滿偏見的旅行筆記書。

為了旅行雜文書寫，我對於各種跟旅行主題有點關係的創作充滿好奇，例如村上春樹的《遠方的鼓聲》（時報出版，二〇〇〇年發行），是村上三十七歲到四十歲的那三年待在歐洲（主要是希臘和義大利）創作長篇小說和翻譯書；還有《安藤忠雄的都市徬徨》（田園城市，二〇〇二年發行），是建築師從一九六五～一九九二年期間在世界各地遊歷的旅行札記。

除了閱讀，我還看了許多旅遊飲食節目，我覺得最有個性的兩位大叔，分別是狂傲不羈的安東尼・波登（Anthony Bourdain），和溫暖世故的里克・斯坦（Rick Stein）。

安東尼・波登向來言詞犀利，明明他的節目是所謂的旅遊飲食主題，他卻有本事去阿根廷吃牛肉，搭配當地的門多薩（Mendoza）紅酒時，毫不牽強地把南美洲政治社會的動盪融入內容；去越南吃河粉，手上握著當地的啤酒瓶（他那張跟歐巴馬總統在河內小吃店的照片，真是經典）。

里克・斯坦是個專業廚師，長期在BBC主持飲食節目，近年的代表作是《從威尼斯到伊斯坦堡》（Rick Stein: From Venice to Istanbul），看著他從南歐的義大利、克羅埃西亞、希臘，邊吃邊玩邊煮菜到土耳其，真是羨慕他的人生，怎麼有人可以這麼爽，以工作之名到處吃喝。

把工作和旅行巧妙地結合，在台灣最讓人敬佩的例子，邱一新大哥絕對是前三名：他經歷過台灣一九八〇和一九九〇年代、「大八開」尺寸周刊的輝煌盛世，為了拍泳裝照，一大群工作人員跟著女明星出國；後來他成為知名飲食雜誌和電視節目的內容總管，累積更多的本事和資歷，寫了好幾本讓人佩服的作品。

人脈得像他這麼寬廣，才有辦法寫出《跟著大亨去旅行》；對追求知識有超乎常人的熱情，才可能寫出費力的《尋找台灣特有種旅行》。這本最新作品，更是讓人感到神奇：奇特的作者（從工學院男孩到媒體和品牌總管），遇到奇特的委託（旅行的理由千奇百怪），寫成這本奇特的結案報告。身為晚輩的文青學弟我只能說，你每次的旅行主題和路線，不但讓人跌破眼鏡，而且讓人完全無法追趕，實在佩服。

推薦序

一個繼續在路上的旅行者

褚士瑩

作家、法國哲學諮商教練

自從認識邱一新二十多年來，他一直是個對旅行著迷的人。

為什麼會有人對於「旅行」如此著迷，法國最重要的存在主義哲學家加布里埃爾．馬塞爾（Gabriel Marcel），甚至把人類定義為「Homo Viator（旅人）」，因為人類雖然跟類人猿基因有百分之九十七以上相同，人類卻有一種永不停止移動的本能，是類人猿所沒有的。

近年來因為出入國境的手續簡便，機票因為廉航加入競爭變得價格低廉，住宿因為Airbnb這樣的民宿入門網站興起，讓「說走就走的旅行」透露出一種近乎輕浮、廉價的快樂。但是二〇二〇年初開始，廣大的世界卻因為小小的新冠病毒，而陷入了恐慌，每個國家關閉門戶，航班跟乘客也只剩下平時的零頭個位數，旅行意謂著冒著染上不治之症的危險，意謂著漫長的隔離檢疫，意謂著受到社會異樣眼光的注視。這聽起來好像很不尋常，卻一直是旅行的本來面目。英語裡旅行這個字「travel」最早的意思，來自於十四世紀的古法語「travail」，本意就是「做苦工」，而這個法文字又可以追溯到拉丁俗語的「tripaliare」，意思是「吃苦、受折磨」。任何一個旅行者都知道，任何一趟美好的旅行，過程中都充滿了勞動、艱難和痛苦。

我知道無論世界怎麼變化，邱一新都會繼續在路上，甘心受苦，繼續旅行，並且快樂著。

推薦序

重度文青的文化人類學旅行

沈方正
老爺酒店集團執行長

拜讀一新兄大作的過程中，除了欣賞他有趣而深入淺出描述「尋找意義的旅行」之外，他時而像村上春樹在行文中給我們音樂，時而像詹宏志先生在著作中給我們文化趣味；走在異國街道上，他不像舒國治先生悠晃，也不像李維史陀般認真。讀完了書我們當然重新認識了愛迪生所處的環境及那位天才，同時也對十九世紀末西方科學昌明的過程有了參與的感覺。忽然覺得觀光局應該請他協助在台灣各地辦「珍雅各步道節」發掘各城市的精彩內涵，文化部也應委他以此文體書寫台灣重要作家及人物的傳記。讀此書的唯一缺點，這位文青的踏查筆記引燃了讀者對於科普、文學、音樂、歷史、經濟、電影的諸多想像，後續收拾這些勃發的思潮又要花費許多時間，下次找一新兄爬山時有很多話題可以求教，愛迪生我來了。

推薦序

追尋人生的意義

王宏宜
利河伯使徒中心主任牧師

一新弟兄，一位安靜、虔誠的朝聖者；藉著閱讀、旅行、思想與禱告，追尋人生的意義與上帝對世界的心意，透過工作與寫作，祝福所處的世代。

利河伯祝福一新與這本書的讀友：超越以往地認識上帝，生命經歷重整，進入加倍豐滿喜樂之地，如同栽種在上帝園中的樹，領受屬天的養分與水源，枝葉常青、結實纍纍，果實使人眼目明亮、心靈喜悅；您的美好生命與知識如同樹幹，高聳入雲間，為美屋之棟梁，撐持自己的家庭、祝福他人，也成全職場上各樣需要，使人的生命由苦轉甜、脫困重生，平安與盼望油然而生。

前言

從「委託旅行」到「救贖之旅」

之1——不尋常的委託者

我的旅行大多因閱讀而產生，有追尋作者如凡爾納、聶魯達、達爾文、海明威；也有造訪書中之地如《西班牙星光之路》、《希臘神話》、《天方夜譚》、《中非湖區探險記》、《極地》；其中有些寫成一篇篇「旅行敘述」（travel narrative），集結成《人生的旅行存摺》。

然而，我的閱讀旅行也觸及台灣，如《尋找台灣特有種旅行》，此書編輯期間，遠流總編輯曾文娟（現為時報文化總編輯）傳簡訊給我，說有位李女士在政大書城巧遇業務，想委託人生書的作者帶她完成一個人生夢想：前往美國追尋愛迪生。

此事自然引起我的好奇，在出版社安排下與這位「愛迪生迷」見面了，才知她希望趁還走得動時，探訪愛迪生的生平重要里程碑。是的，旅行要及時，本想推托給旅行社——不知何時，旅遊已成為退休與老化過程的一部分（我的偏見），但她不以為然。的確，對於一個曾走過二十多國的跟團者而言，取得旅行自由是一種嚮往。

愛迪生迷做過功課，知道我曾就讀紐澤西理工學院（NJIT），而愛迪生先後兩個「發明工廠」都在紐澤西；同時，她也贈我一枚愛迪生紀念郵票和一片描述青年愛迪生的傳記電影《Edison the Man》（一九四〇年）作為見面禮，還提到收藏了二十多部愛迪生留聲機，可見是個不尋常的讀者啊。

然而時任媒體發行人的我，公司才剛轉售給手機業者，根本不可能挪出長假，只好婉謝了。誰料數月之後，我竟毫無預備地失業了；這種失業最可怕的地方在於，讓人措手不及而失去存在的意義（類似報廢），此時雖有數家媒體欲禮聘，我卻毅然抉擇人生未曾有過的經驗：應邀到中興大學和南華大學講授「體驗經濟時代的旅遊」，與青年學子相互交鋒學習，試圖活出意義來。

授課期間，李女士又好幾次約見，意志堅強得令人佩服，我才稍知這位極可能是愛迪生在台最強粉絲的背景：家庭主婦，古典樂迷，偶然看到上述電影後，對留聲機產生好奇，說巧不巧便在古董店遇上，從此展開二十多年蒐藏，更不時啃讀愛迪生事蹟與趣聞軼事，進而萌生追尋念頭……

有次見面，李女士又贈一片描述聶魯達與小島「郵差」發展友誼的電影《郵差》（IL POSTINO），更加觸動老文青的心弦——有這樣的讀者，生命何憾之有？

但不免心生疑竇：家人無法陪同嗎？待我與他們見面後便釋然了，追尋近月，還需做許多功課，對懸壺濟世與事業忙碌的家人確實有難處；對不開車、不會說英語、不用谷歌地圖的人，更是寸步難行。

再一例。近日因版面需求愛迪生郵票，一時找不到，只好厚顏聯繫愛迪生迷可有多餘，才知彼時餽贈的是聶魯達紀念郵票，還提醒「再過四個鐘頭便是愛迪生逝世七十九週年紀念日」（一九三一年十月十八日凌晨三點二十四分），不禁佩服她追索過去的能力。

翌日便收到愛迪生郵票，備註「您樂意留下是我的榮幸」。

愛迪生迷送我的愛迪生傳記電影和郵票、聶魯達《郵差》電影和郵票。

上述事例或有助於讀者拼湊委託者形象，但基於不多問是一種情懷，我所知也甚少；雖說本書編輯廖宏霖代表讀者表達好奇，但李女士再三叮嚀，能寫的僅止於此，或在本書適當處再補述一二旅途中她不經意透露的故事吧。

還有，吾友，勿再追問旅行耗資了，所費當然不貲，但愛迪生迷認為旅行的價值不是從費用來衡量，而是為其付出的心力。夢想無價。

之2——尋找愛迪生的「為什麼」，找到自己的意義

當被迫離開曾經努力付出的工作後，傷心迷惘的我正渴望一次「治癒旅行」，忘卻世道之不堪，便啟動追尋愛迪生的考量：一面閱讀資料，一面想像他的童年、少年、就業、創業、結婚、重大發明等各個時期形象，試著排列各種可行性，最後決定以「大事記」方式追尋，因為愛迪生年少離家，移動頻繁，許多故事因年代久遠而隱晦不明，須像考古般挖掘許多資料再比對古今圖資，例如年少時把地窖充當實驗室的休倫港（Port Huron）老家、年輕時在紐瓦克（Newark）創業的電報機製造廠。

但這樣的「考古旅行」就無趣了，面對冰冷無趣的遺址遺跡遺物，我更想追尋愛迪生如何與創意相遇，也想刺探他的價值觀、家庭生活和商業模式，與他人的競合關係，再對照到今天……我驚訝地發現，許多中小企業創業者皆有重蹈覆轍的慣性。

創業者若要跳脫這種歷史輪迴，恐怕要拉大視野，在百年企業前提下去思考，找到一種方式重新想像自己的事業。譬似做麵包，不只是做麵包，還要有意義地做麵包，讓麵包成為知識文化的載體，不就成了「媒體」嗎？如此便可以將麵包師傅重新定義為「文化的傳遞者」——過去我們將世界的麵包文化帶到台灣來，未來我們要將台灣的麵包文化帶到全世界，再以「世界麵包之都」作為願景，工作的意義就出來了。

在上述邏輯之下，許多工作都可以重新被想像和定義；旅行亦然，不只是風景觀光，更是「觀國之光」，若進一步推敲「為什麼」，旅程便會形成一種我所謂的「思辨旅行」，一場不停尋找「為什麼」的旅行，一場與「為什麼」搏鬥的奧德賽之旅。這種推理小說式的智力旅行，具有化腐朽為神奇的魔力，不在乎何地何景、有無觀光標籤，取而代之的是叩問、反覆思索與意義的尋索，旅行視野更加開闊。

畢竟在今日的意義世界，眼睛所見「風景」無論是自然或人造皆是冰山一角，水面下其實有更龐大的冰體、複雜的知識體系值得探索。

譬似「為什麼發明這件東西？」我總是這樣叩問發明與社會的關係，若能找到「愛迪生的為什麼」，觀看愛迪生的發明便會真實而有趣多了。以電燈的「發明」為例，對世界最大的影響不是電燈本身，而是電力系統的布建，這才是愛迪生偉大之處，促使世界進入電氣時代，啟動許多新技術被發展出來，提升整個社會的生產效率，卻打破日落而息的常規，讓夜間工作成為常態……

再進一步思索，電氣的普及也促使許多電器的發明，減少了家務勞動，解放了婦女時間，讓女性對男性壟斷的世界有更多參與，促成兩性平權的大躍進。

若能這樣糾纏一個地方，反覆思索一件事物的來歷與轉折，把發明變成了人類文明發展進程的一道道「風景」，便能浮現新技術背後的時代風貌和發明家的心理圖景——他們如何觀察社會需求、如何面對挑戰、又如何開創自己的發明世界。這場思辨過程，最終把發明家的心理圖景和自己的生命體驗結合，昇華成另一種「地景」，再從中找到屬於自己的「詩和遠方」。本書想邀請讀者試試這種旅行方法。

不同於以往，這次是「有任務的旅行」，也是「科普旅行」，於我個人更是「尋找意義的旅行」——我的意思是，如果我把某些改變視為「讓生命騰出空間接受更多體驗」的一個人生難得機會，就要使這些令人不安的改變變得有意義，職場挫敗就成了一種祝福。

二〇一四年四月，我接受委託，啟程赴美。我絕沒料到，一本書竟牽引了一次「不尋常的旅行」，不禁產生一種莫名的感動：文學不是全然無用的！

之3　——　人生的命運都是「選擇」造成的

追尋愛迪生途中，資訊不停湧入，常常因為某個線索、某個逸想就走上「岔路」，不過，仍大致與發明主題相關，例如摩斯電報實驗基地、萊特兄弟飛行場，或是梅爾維爾寫作《白鯨記》的故居。這些人都具有塑造意義的能力，啟發了我更大的人生視角：在人生下半場，要從追求職場成功轉向追求價值與意義；旅行亦然——人生苦短，應該追求有意義的旅行。

但稍稍遺憾的是，委託者心中只有愛迪生這個迫切的摯愛，以致與許多美國文化經驗失之交臂。

旅行就是這麼一回事，當內心有強烈的主題預設，便會形同框架，妨礙我們的視野，但你可能會質疑，旅行豈可沒有主題、沒有目的地？或有之，但在移動中，真正的旅人多半不會按表操課，因為他為出發而出發，不在乎去過哪裡。這是旅行觀念與旅行理由不同所致，沒有孰高孰低，只有結果迥異的視野和體驗而已。

以《郵差》為聶魯達錄製小島的聲音為例：

海灘小浪
拍打礁岩的大浪
峭壁的風
灌木叢的風
爸爸的憂傷漁網
教堂的鐘聲＋神父咆哮聲
島上星空
老婆肚子裡的胎兒心跳聲……

同一位郵差，因受過大詩人的薰陶，洞察力取代了視力，熟悉不過的小島便有了迥異的視野，生活經歷變成了「風景」，若再將之隱藏在一個個「隱喻」之中，便是大詩人所謂的「詩」了。在這樣的詩意中旅行，真美。

「為什麼不寫下來呢？」黎明柔在中廣訪我時問。總編輯文娟也鼓勵我，用一整本書解釋「委託旅行」。但事情從來不會那麼簡單，所以，翌年我再度赴美，一個人，用我的思辨旅行重新走一次，順便追尋之前遺漏的題材，比如愛迪生的偉大母親、讓愛迪生灰頭土臉的光電奇才特斯拉，以及錯身而過的一些小遺憾——以紐約為例，踏查「李鴻章樹」、巴布．狄倫唱片封套場景等。獨自旅行猶如書寫，讓人視野更加清晰。

返台不到一個月，正當我沉迷互聯網時代萬神殿級人物的創業故事，突然接到一通電話——來自世界麵包冠軍吳寶春師傅的邀約，希望我協助他將麵包店企業化、品牌化、國際化。其實我們的結緣早在二〇〇八年，他參加路易樂斯福世界盃麵包大賽，我商請常駐巴黎的美食作家謝忠道就近協助、採訪。

是的，誠如亦師亦友的詹宏志點撥：「一定要在媒體嗎？」弦外之音就是改變自己的用途、階段性重新定義自己、考慮更多的行業。

於是，我決定效法抬約櫃的祭司勇敢地將腳踏入約旦河，因為我已經明白個中道理：人生多數時候只能先跳下去，奇蹟才會發生，就像高空彈跳的信心，只管跳，閉著眼睛也行，不要想太多。點撥，是一種不同視角、不同思路的提供，也是本書想要呈現的價值。

在職場多年，從基層到決策者，我對自己的定位，不是指使別人做事，而是幫助大家做更好的決定，找到工作的意義，雖然工作就像推「薛西弗斯之石」上山，但我們可以使過程變得有意義。我想我可以勝任寶春師傅的邀請。

於是，我鼓起勇氣進入烘焙業。「林子裡有兩條分歧的路，我選擇了人煙稀少的一條……」這是美國詩人佛洛斯特寫的〈未行之路〉（The Road Not Taken），我的解讀是：人生的命運都是「選擇」造成的。

但此行，到最後，竟是踏上通往神祕奧妙的「第三極」——自己內心深處的「地心探險記」。所以，本書也是一位旅行者的群體記憶和個體記憶的結合。

記得行程結束那一晚，站在鱈魚角（Cape Cod）仰望星空，突然浮現王爾德名言：「我們都在陰溝裡，但有些人仰望星空。」是的，在任何情況下都要當個仰望者。

感謝上帝的保守，一路走來或可用一個難以定義卻意味深長的字來形容：「Serendipity」，有譯為：偶然、際遇、機緣……皆不盡然，此字源自英國作家華爾波（H. Walpole）在某個機緣意外買到一幅渴盼的肖像畫，接著又意外邂逅期待的裱框、徽飾，接二連三的意外與驚喜讓他聯想到波斯傳說《錫蘭三王子遊記》（*The Three Princes of Serendip*，描述錫蘭三位王子的旅行際遇、處事機智與意外帶來的驚喜）。

為了強調這種「錫蘭式際遇」，華爾波在字尾加上ity，擴充涵義為「偶然發現驚喜的能力」（偶發力）。如今，此字常用於科學的突破、感情的奇緣……更多發生在日常，如同李女士讀到我的書，如同留聲機的發明，如同「眾裡尋他千百度，驀然回首，那人卻在燈火闌珊處」。

如今老之將至，不免心生詩人葉慈：「That is no country for old men.」之嘆，老人「不過是一件廢物／一件破衣掛在木杖上」，能做的就是「靈魂拍掌而歌，愈歌愈激楚」。是的，本書就是一位老派旅人的靈魂拍掌而歌。

我一向視「不尋常的旅行」為救贖與重生的途徑，過程就像與天使摔跤（創世紀32:24）得到祝福一樣，現實的困惑、愁煩、不安、自怨自艾，甚至內心創傷都在這場旅行後霧消雲散不見了。本書就是見證。

但本書觀點並不代表我的最後定論，請了解，我一直在旅行和增廣見聞中。

最後，要感謝愛迪生迷李女士的委託旅行，促成本書的誕生；更要感謝寶春師傅的知遇，待我如伯樂。

Part 1 追尋愛迪生

旅人的目的地從來就不是地方，

而是一種看待事情的新方式。

——亨利．米勒

休倫港「報童愛迪生」銅像。

創 業 時 期

紐瓦克
Newark

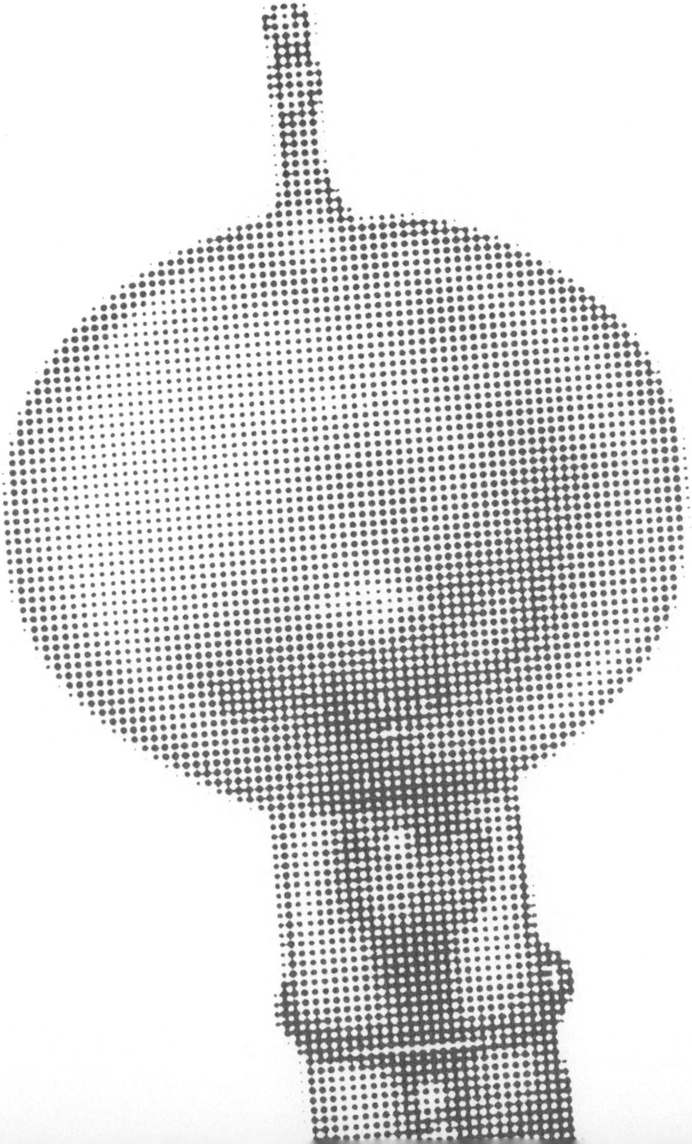

追尋愛迪生
創業時期：紐瓦克之1

青年創業家的求婚記

「妳願意嫁給我嗎？」

在旁人鼓勵下，二十五歲的愛迪生終於鼓起勇氣向員工、十六歲的瑪莉．史迪威（Mary Stilwell）求婚，不知哪來靈感，他突然拿起一支螺絲起子在瓦斯管上斷斷續續地敲打、摩擦，讓聲音傳到樓上辦公室，然後屏息等待……

原來，愛迪生用摩斯電碼發出求婚訊息。

這是愛迪生在紐澤西州大城紐瓦克創立電報機製造廠後，又成立的一家傳訊電報公司，瑪莉在此擔任發報機紙帶打孔員。如眾所知，初期的電報須將訊息轉換為摩斯電碼打孔於紙帶上，透過發報機將電碼經由線路傳送到另一端的讀帶機。據愛迪生助手回憶，害羞的年輕老闆常常默默地凝視著瑪莉背影，偷看她打鍵盤，或以重聽為由貼近聽她說話。

另有一說，愛迪生直接開口、吃吃地說道：「史迪威小姐……近來我總是想著妳……如果妳肯嫁給我……我想與妳結婚……」

還有一個版本更勁爆。他直接走到瑪莉面前，以嚴肅口吻說：「妳覺得我怎麼樣？喜不喜歡我……妳不必馬上給我答覆，如果不願意，也不礙事……」瑪莉既驚訝又好笑，愛迪生一本正經地接著說：「我是認真的！請妳好好考慮，跟妳母親商量，下週二給我答案。」

出現三種求婚版本並不奇怪，人功成名就後面臨的荒誕之一，人們會不斷地為他添加傳奇，賦予意義，最後真實反而變得不重要，言過其實的故事和茶餘飯後趣談才重要，如此便可以理解亞馬遜網站為何有成千上百的愛迪生傳了。

但我寧可相信摩斯電碼求婚這個傳說，充滿戲劇感，符合一個偉大發明家的行事風格。一九四〇年發行的青年愛迪生傳記電影也採用此觀點。

數分鐘的等待猶如世紀之久，忐忑不安的愛迪生終於等到一陣敲擊聲和摩擦聲回傳下來，意思是——願意。

其實在求婚之前，不知工作需要，抑或預謀，愛迪生早就教會瑪莉打摩斯電碼了。據說在人多的場合，兩人常用銅板敲打著電碼，相信瑪莉早已對這個「心目中的偉人」暗生情愫了。

一週後，一八七一年聖誕節，他們結婚了，隨即搬至萊特街新居（53 Wright St.）住了五年，生下長女瑪莉安和長男湯瑪斯二世，期間愛迪生正忙著電報機改良，突發異想，竟將姊弟各自取了綽號：Dot（點）和Dash（破折號）——若在互聯網時代，也許就叫@、Dot或Com吧。

透過谷歌地圖，很快地找到地方。一棟雙拼的三層樓屋。當然不可能是愛迪生故居，畢竟年代久遠，期間可能還重建好幾次，門牌號碼說不定也重組了。然而，這是一種意義的尋找，「愛迪生夫婦曾在這一條街上走動」，對愛迪生迷便是最大的意義了。

這戶人家門口上懸掛著一塊十字架木匾，寫著「神祝福我家，賜平安給來客」（God Bless My Home. Peace To All Who Enter），令人有股衝動想叩門探問，但理智告訴我，美國可不是期待眾神微服出巡的古希臘，美國人也沒有歡迎不速之客的傳統，加上對街狗吠不已，拍張照隨即離去。

途中，我突然想到，瑪莉認識愛迪生前，就在主日學校當幼教師，想必是虔誠的基督徒，說不定當年也在家門口掛上類似字句呢。

兩種旅行方法——是印證？還是挖掘？

我的旅行大多起於某種追尋，不是旅遊指南可以幫上忙，往往需要一些閱讀、一些運氣和一些折騰才能抵達，因此，旅程總是充滿「不確定感」，追尋愛迪生尤是，常讓同行者寢食難安，雖然不確定感令旅程更有戲劇性。

我的不確定感來自「追尋」本質的不可測性，尤其是消逝的追尋，就像考古，你永遠不知道會挖掘出什麼。

然而同行者心中卻有許多迫切的期待，舉凡傳記記錄的種種，但愛迪生的童少往事、電報員時期和創業之初，還能尋見嗎？也非不可能，但不容易；可是旅人心中卻沒有一定要看的東西，若有，也是一種好奇心，譬如愛迪生喜歡吃什麼、有無宗教信仰、為何沒有識見特斯拉之才、為何失去所有創新事業……又或者，我的另一種好奇，作為偉大發明家的伴侶和家人之感受？我想探詢許許多多的「為什麼」，偏偏傳記中值得閱讀的，通常都是點到為止或遺漏，猶如《賈伯斯傳》（*Steve Jobs*）必須等到身後《成為賈伯斯》（*Becoming Steve Jobs*）的出版，才能呈現真實，畢竟付出真實就像付出愛情一樣危險，放棄過多的自我，結局可能痛不欲生。

旅人顯然與同行者的旅行方法不同：一個想「印證」愛迪生的偉大功業；另一個卻想「挖掘」愛迪生的人性與生活，找到有意義的詮釋，因為旅人不時想起美國作家亨利．米勒的名言：「**旅人的目的地從來就不是地方，而是一種看待事情的新方式。**」（One's destination is never a place, but a new way of seeing things），這個觀點改變了我的旅行方法，改變了我和世界的關係。

紐瓦克，距紐約不到一小時車程，是愛迪生立業成家之地，但在我負笈期間竟未覺察，直至爬梳資料才得知愛迪生與這座城市關係匪淺。

再度回到紐瓦克，我懷著多年前在那兒求學打工的心情，仍然戰戰兢兢——送披薩外賣被人包抄索錢的情景彷彿昨日。如今，我該用什麼眼光重新審視這個犯罪城市？又如何用愛迪生的故事與這座城市重建新關係？

紐瓦克有兩所州立大學，一是聲譽頗佳的若歌大學（Rutgers）紐瓦克分校；另一是我的母校紐澤西理工學院，成立於一八八一年，大約是愛迪生研發電力系統期間，我在此耗費了兩年青春，拿了一張這輩子從未派上用場的工業工程碩士文憑，我不是讀書的料，但留學生活相當充實，那是一九八五至八七年間，此後未再重返，因為紐瓦克給我的印象，是一座治安不佳的危城，也是一座「吝嗇之城」——不是不給小費，就是少得像給乞丐，我仍記得送外賣時薪僅二・五美元，沒小費就要倒貼油錢了。

赴美第一年，我與人合租在市郊三十分鐘車程的小鎮卡尼（Kearny），途中會穿過一個沒落小鎮哈里森（Harrison）——一八八二年愛迪生在此設立燈泡工廠，初四年慘賠，然隨著電力普及、燈泡需求大增，製作成本從每盞二・一元降到〇・二元，遂轉虧為盈，讓愛迪生得以還掉一部分研發電力系統積欠的債務。

經過再三比對圖資，燈泡工廠現址是一座名為Harrison Plaza的大賣場。工廠在一九三〇年代曾由電子設備生產商RCA（美國無線電公司）接手，改為真空管工廠，盛極一時，在我赴美那一年，RCA卻瀕臨破產，不得不併入GE（奇異）。

成立於一九一九年的RCA，作為收音機真空管和電視機映像管先驅，曾在全球四十五國建廠（包括台灣，一九五九年），有五萬五千名員工，產品銷往一百多國，就這樣出局了，情何以堪呀。今日大家熟知的NBC（國家廣播公司）電視網還是它在一九二六年成立的，為了避免壟斷起訴，一九四五年又分出ABC（美國廣播公司）電視網。

之1——啟發科學進程的「愛迪生效應」

談及廣播電視，不能不歸功於真空管的誕生，更不能不追溯到白熾燈泡之耐久性研究：一八八二年某日，愛迪生發現燈絲中的碳素會沉澱在燈泡內壁，影響燈泡壽命，懷疑是「帶有電荷的碳在真空中飛行」所造成，為此，他再裝入一根銅絲（第三極，未連接燈絲），希望阻止燈泡變黑，惜未能改善，卻從實驗中發現有微弱電流通過銅絲。欠缺學理基礎的愛迪生無法解釋這個現象（乙太感力），不清楚如何起作用的，也未能找到實際用途，但「直覺」告訴他很重要，便為這個新發現「碳絲通電後，會有電子從碳絲裡發射出去，被陽極電極收集而形成電流」申請了專利（一八八四年），可惜沒有繼續鑽研，以致在二十世紀的電子學發展中失去角色。

直至一九〇一年瑞查森提出「瑞查森定律」，才知是電子的激發態引起箔片漂浮（電磁現象）；此發現促成物理學家弗萊明（提出電磁學「右手法則」）在一九〇四年發明二極管；三年後，弗萊斯特在兩極之間放入柵極，又發明出能放大微弱電流的三極管，開啟了無線電通訊、廣播和電視的新紀元，乃至日後的電晶體、積體電路、超大型積體電路的誕生。這一連串的進程之始，便是上述愛迪生不經意發現的電磁現象——愛迪生效應（Edison Effect）。

如今，站在遺址上，沒有任何有意義的視覺符號，只能追憶，追憶「愛迪生效應」對世界的影響，追憶留學生活對我人生的影響。

發明，一種向既有體制的挑戰

閱讀搖滾歌手史普林斯汀自傳《生來奔跑》（*Born to Run*），有謂「像我們這種一無所有的人，生來就是要奔跑」，讀到這句話時頓了一下，突然感受到某種感傷和決心，彷彿也是愛迪生（或吾輩）年輕時的生命寫照：他曾是一位浪跡天涯的窮光蛋電報員，直至紐瓦克立業成家才勉強安定下來。

此次追尋愛迪生，重返紐瓦克，心情既激動又提心吊膽，但出乎意料，紐瓦克竟以乾淨的市容歡迎我，難道是愛迪生使得這個聲名狼藉的城市在我眼中變得不凡而順眼？

二十三歲那年（一八七〇年），愛迪生終於賺到第一桶金——改良股市報價機

（Stock Ticker）賺到四萬美元專利金，便遷往紐瓦克發展。

先說說這台報價機的意義，將黃金行情通過電報方式發送、打印在紙上，豈不是傳真機的雛型？但更重要的是，它啟動了訊息技術的迭代創新。

起先，愛迪生與人在沃德街合開了一家生產愛迪生專利的股市報價機和電報機的製造廠，生意興榮，期間也申請了許多發明，一八七〇至七六年期間共申請了一百二十二項專利，包括火災警報器、石蠟紙、電報史上重大突破之四重電報機（同步發報機），讓電報的傳輸速度和距離都增加了。因為當年摩斯發明的電報機，只能單向傳遞，尚不能同時交換訊息，也無法長距離傳輸。

四重電報機是很重大的突破，被當時鐵路巨頭古爾德的電報公司相中，先以三萬美元取得使用權與西聯對抗，再許以四百萬美元合同誘使愛迪生繼續研發，迫使西聯合併，之後便對愛迪生置之不理。這個官司打了三十五年，一分錢也沒要到，讓愛迪生見識到魔鬼投資人的厲害。

更有趣的發明是，一八七四年受到電報機啟發的電動筆（Electric Pen），這種筆尖裝鋼針的複印裝置，可謂平版印刷雛型，在打字機問世前非常受到歡迎；翌年，又衍生了滾筒油印機——在我成長的那個一九六〇、七〇年代，小學考卷仍是刻鋼板刷油墨印出來的。

惟愛迪生沒料到是，電動筆也啟發了紋身藝術家靈感，在一八九一年發明了紋身槍，造成刺青文化的普及。

之1——以發明為業的工程師兼創業家

觀察愛迪生在紐瓦克時期的商業模式，似以改良產品為主，讓它們更實用、更具商業價值，這或許要歸功於他的獨特觀察力：留意社會需求和現有產品的使用問題，再加以改進。

以社會需求為例，早在二十一歲還在波士頓當流浪電報員時，愛迪生便以電動投票計數器取得人生第一項專利，他本以為可以讓國會計票更有效率，卻慘遭兩黨議員共同拒絕——他怎麼想都沒想到，投票的冗長過程有時候是出於政治需要，讓雙方有時間磋商，一按鈕立見真章便沒戲唱了。從此，愛迪生學會發明不是光靠解決問題就能成功，還要考慮使用思維。

事實上，發明的本質，本來就是一種向現實、向既有體制的挑戰，難免需要幾番折騰、一些運氣，以及持續不斷地堅持和改良。賈伯斯的第一代麥金塔電腦不也是如此嗎？

綜觀愛迪生一生一千零九十三項專利，大多如此而來——在別人的專利裝置上添加新構想，當時所謂「發明家」也都是如此進行「創新」：接收他人的發現，加以改進，取得新的成果。按當時美國專利法，為了促進產業發展，對現有產品的「改良」也承認為專利發明，讓整個文明進程彷彿一場接力傳遞。

例如電動打字機，亦源於股市報價機。一八七二年，有位出版商肖爾斯拿自己發明的不怎麼實用的鍵盤打字機來請教愛迪生，經過修正，遂有日後雷明頓打字機的問世，確立了今日鍵盤左側QWERTY的奇特設計。

但打字機未如預期受到歡迎，因為當時人們認為手寫是一種誠意，讓愛迪生更深刻體會到「需求為發明之母」，更直白說就是「商業需求」，所以，愛迪生的大多數發明，多是「注意」商業需求而產生，在既有基礎上做改善，不是「憑空想像」而來，以致有負評說他是「瓢竊他人發明的大騙徒」。此說法有欠公允，其實愛迪生兼有發明家和工程師兩種特質，前者是發現未知之事、提出可能性的人，後者是創造未有之物、把可能性落實的人，想改變世界就得靠這兩種人，而愛迪生便是以發明為業的工程師兼創業家。

之2——「六十小時監禁」事件

愛迪生創業的電報機製造廠位於沃德街，不知何時，從地圖上消失了。幸好找到「老紐瓦克」網站（www.oldnewark.com），才知沃德街已被快速道路覆蓋了，經過比對地圖才定位出一百多年前的沃德街。

我曾在書上看過一張沃德街電報機製造廠員工大合照，傳記幾乎都會提到這家工廠的故事：

某天有批待交貨的股市報價機出現不明毛病無法運作，愛迪生便把自己和六個助手鎖在工廠裡找原因，不眠不休，妻子們來也不開門，也拒絕送食物進來，直至排除障礙，這就是愛迪生創業期間著名的「六十小時監禁」，教人見識到創業家的極端個性。印證今日創業家也多如此，如蘋果電腦的賈伯斯、特斯拉汽車的馬斯克，哈，說不定你的老闆也是。當他們心中產生想法後，便會不屈不撓下定決心去完成，這種愛迪生式的頑固與偏執，似乎也是許多創業者的共同特質。

所以，馬斯克前妻賈斯汀才會感嘆：「創業家太沉迷他們的公司，以至於沒辦法再去關心別的。」一語道盡創業者的家庭幸福不易，但極端個性也帶來極端成功，尤其在事業上，他們都有著改變世界的願景。我猜想，參與願景改變世界，或許是員工甘心追隨愛迪生且不以為苦的原因吧。但我的經驗是，當老闆跟你大談企業願景與使命感時，通常就是不願意多付錢給你。

可惜紐瓦克無緣留住發明天才，因租屋糾紛，環境欠佳，加上愛迪生想專注實驗，終究在一八七六年遷到門羅帕克（Menlo Park），在那裡發明了留聲機與白熾燈，讓紐瓦克失去了名留發明史的機會，只能繼續以治安不佳和保險業著稱（全美最大人壽保險公司 Prudential 總部在此）。

追尋愛迪生

回憶一九八〇年留美生活：紐瓦克之4

不確定年代的張望者

之1——一九八〇，我的打工時代

既然重返紐瓦克，就趁這機會回望一下在一九八〇年代的美國留學生涯，藉由人生某個時期的描述，來探照一個時代的背景，或者，也探照那時代的角落某些留學生如何面對美國社會，以及他們的成長歷程、思路和一些想法。

而我之勉力留美，須歸因於閱讀創造的憧憬，比如《胡適留學日記》、《趙寧留美記》、陳之藩《旅美小簡》等不同年代的留美文學；或者，也有一部分原因，來自楊弦、楊祖珺啟動的民歌風潮，再啟蒙我去追尋巴布．狄倫、瓊．拜雅、披頭四等歌手的「信息歌曲」（Song with messages），讓我意識到反映真實的歌聲與文學在社會運動中的價值，對照當時台灣的流行歌曲大多甜膩得令人腦血管阻塞、喪失思考力，他們的歌聲簡直就像一種召喚，那時候的歌手人人抱著吉他，能詩能曲能唱，每一首歌幾乎都是「青春的火焰」（典出梁景峰〈老鼓手〉），散發出一種勇敢浪漫的光芒，影響了我在九〇年代的許多旅行，好幾次「沒想太多」就出發「唱自己的歌」，才會去了伊朗、古巴、北韓、柬埔寨、緬甸、越南等「禁地」。

然令我嚮往之，仍是趙寧「風蕭蕭兮易水寒，壯士一去兮洗碗盤」的六〇年代打工留學生涯。在多言賈禍的年代，他們的文字和歌曲為心情鬱悶的青青子衿打開一扇窗，讓新鮮自由的空氣吹進來，猶如造物主向我們吹了一口氣。

可等我真正留學了，生活的現實似乎違背了留美生活的想像，很難訴說是什麼樣的感受，我渴望見到的「美麗新世界」似乎不在紐瓦克，日常就是課業的焦慮和生活的掙扎，心裡有著巨大失落感。

我的生活直至買了車，才得以出發、成為背包客文化代表作《在路上》裡的「張望者」——不確定年代的張望者。當聽到某些人在街頭呼風喚雨，你還能若無其事坐在房間裡嗎？

繼前文第一年留美生活，本文來到第二年。我終於在若歌大學旁搶租到一個公寓小房間，總算活得稍有尊嚴，不像之前與人合住客廳毫無隱私可言——為了省一些錢，你必須放棄一些自我。雖然房租較貴，我卻得以就近在市區廉價服飾店找到一份part time job。我仍記得店中的人氣商品是電影《橫掃千軍》男主艾迪．墨菲所戴之黑色塑皮圓頂帽，稱為「墨菲帽」，城區黑人頭上幾乎人人一頂，多是我店賣出的人造皮帽。這是我首次見識到什麼叫做「粉絲經濟」，也隱約感受到商店貨物的進出可以反映社會的潮流。

老闆曾是留學生，嫁美籍港仔，住在風景優美、事業有成的華人聚集地帕西帕尼（Parsipanny）。她觀察到老美有一種「生活戲劇性」，便隨著潮流和節慶進貨，例如《美國忍者》上映時，她就從港台引進忍者服和功夫服，大賺一筆，但我卻想不懂此爛片何以能連拍五集？是否也反映了美國大眾的鬱卒與素質？

店面僅數坪，貨色繁多，庫存就堆在天花板夾層，生意常好到要三、四個店員才照顧得過來，由於我的英文不夠江湖，人又瘦小，上庫房取不同尺寸就成了我的工作，常要跑上跑下十多趟，有時還著柔道服，天真地以為對城區偷搶為業的小癟三會造成心理嚇阻。

雖然工作累人，時薪有五美元，做六小時就夠我一週開銷，加上跑外賣偶得的「Keep the change」（不用找零），我便有餘錢開車到處旅行了。提到開車，我一到紐瓦克便考了州駕照，筆試高分通過——要感謝不知哪位前輩傳承下來的考古題，但路考就不容易了，不少留學生栽在台灣的開車習慣，例如遇到STOP標誌沒有完全停車，轉換車道時，只顧後照鏡沒有轉頭看；至於倒車入庫和靠邊停車反而容易，美國停車位比台灣大多了。

之2——幸運籤餅乾、挑戰者號，以及雷根時代

我人生的第一輛車，是跟畢業學長承接不知換了幾手的雪佛蘭，馬力強大，卻極耗油；為了養這部車，我才開始送外賣，初期在哈里森鎮中餐館與披薩店兼差，但叫外賣的不多，大多自行Take out（外帶），可能此城多藍領階級；後來轉至紐瓦克市中心港仔開的中華餐廳，生意好到需三、四人送外賣，最遠可達紐瓦克國際機場——他們給的小費是全城之冠（幾乎都是Keep the change），不然誰幫他們送那麼遠呢？我仍記得送機場外賣，從未經過安檢，直接按他們給的員工門密碼便

長驅直入了，然而，當時的美國正是「雷根時代」，似乎也沒什麼恐怖份子敢捋虎鬚。

順帶一提，老美口味的中華料理。當時店裡暢銷的是糖醋里脊和牛柳炒綠花椰菜，似乎任何肉類只要油炸一下，淋上酸甜醬，再勾芡快炒，配上幾片甜椒、幾朵綠花椰菜，就算是中華美食。其他如橙味雞、炸春捲、麻婆豆腐、蝦仁炒飯、炒麵等，也都是店裡人氣菜色，後來旅行漸多，驚覺各地中餐館菜色大致如此，連口味都差不多，又不是連鎖店，到底是何因素造成這種複製性標準化？

據《幸運籤餅紀事：中餐世界歷險記》所載，中餐館有一種隱藏性脈絡，雖各自獨立經營，卻多是夫妻檔，調味料都是同一家供應商，例如醬油包多來自紐澤西某工廠。

再舉一例，幸運籤餅乾，這是美國中餐館創造的習俗，用餐後連同帳單送上幾個藏有籤詩紙的香脆餅乾，紙上列印一句英文吉祥話和一串幸運數字，多數人可能看看就丟了，但二〇〇五年有家彩券，竟然被一百一十人同號碼中獎，中獎人數超過預期機率四十倍，引起關切，調查後發現中獎人皆是獨立個體，所購彩券來自不同地方，號碼也是自選的，不可能相互串通，但這些人都把幸運籤餅上那串幸運數字拿去投注當期彩券。據云這種籤詩餅都來自紐約雲吞食品公司，每天生產四百多萬枚。

雷根時代，若說有「恐怖」事件，就是一九八六年一月二十八日「挑戰者號」升空爆炸解體，造成七名太空人不幸罹難。這個事件，讓我從電視上認識了當時已經六十八歲的諾貝爾物理獎得主費曼，他在公聽會以簡單的冰水杯實驗，嘗試解釋火箭推進器上的一個O形橡皮環，在發射當天如何因溫度導致膨脹性失效而爆炸——但我想說的是，厲害的費曼就是有辦法將深奧難懂的物理知識轉換成一般人都能聽懂的內容，毫無一般學術菁英的知識傲慢。

我讀他的《別鬧了，費曼先生》與《你管別人怎麼想》兩本回憶錄，深受啟迪；例如賞鳥，他認為知道鳥名還不如觀察牠在做什麼來得重要，「記誦事物的名稱並不是真正的知識」，所以，日後賞鳥我也不太在乎鳥名，欣賞到鳥兒嬉戲即可。

《華盛頓郵報》評論他：「絕不根據二手消息或道聽塗說來論斷任何事件，具有強烈的好奇心要弄清楚一切事物到底如何運作。」這種獨立思考的性格頗似愛迪生，或說是所有科學家共同的性格，亦影響了爾後我任職媒體的態度與旅行思維。

然而，費曼或許心裡有數，挑戰者號的失事絕不是技術問題那麼簡單，而是管理問題——尤其是官僚問題。比如說當天天氣不允許起飛，但迫於高層（假設是總統）的期待，誰又敢力排眾議說不呢？

「實情要凌駕在公關之上，因為大自然是不可欺騙的。」書中警語值得深思。不論政府或企業內部，官僚世界長久以來一直是潛規則運作的神祕世界。對照雷根總統就職的精彩演說：「政府並不是解決問題的方法，政府本身才是問題所在。」真是無話可說。難怪法國社會學家雷蒙．艾宏會說：「搞政治，就必須利用他人的激情。」有時候，聽到候選人鼓吹自己的政見，便想起費曼「我都在想那是不是他所想的，還只是講來騙選票的」。誠哉斯言。政客和政治家之別，就在於他本人是否相信他自己說的話。

追尋愛迪生

回憶一九八〇年留美生活：紐瓦克之5

流動的饗宴？

之1——

潛移默化的美式影響力

在紐瓦克追尋了幾處愛迪生遺址後，我特地繞回市區尋找以前打工的服飾店和餐館，雖然在記憶中拚命搜索，卻蹤跡難尋，到底是歇業、遷址或錯記？這是一趟記憶的審視和測試，很可能記憶已然脆化，稍一碰觸就灰飛煙滅，但我不憂不懼，我將記憶的脆化視為秋日黃昏的到來，即將來臨還有更美好的冬日時光——那時記憶將短暫到過目即忘，所見將都是新奇的，每本書就像新書可以一讀再讀。

值得慶幸，當年曾撫慰我心靈的聖派翠克天主堂尖塔，猶如座標指引我在附近某個轉角找到了以前的租屋處。印象中祂的唱詩班像在唱情歌，充滿了對耶穌的渴慕愛意。

再回到租屋處，心裡不無感觸，坐在通往二樓住處的小扶梯上，往昔影像如幻燈片般播放著，彷彿此處是一個時光隧道入口。對旅人的記憶而言，此屋才是紐瓦克最有意義的「景點」。

我之嗜咖啡，即在此養成。每天起床第一件事，就是煮一壺咖啡，下雪天坐在窗台一邊啜飲一邊望著雪花落下，所有的憂傷也被掩飾了。說也奇怪，留美才兩年，咖啡就上癮了，人的生活習慣也不知不覺起了變化，例如晨起沖澡，但就寢前仍要洗澡，以致每天經歷兩次「文化洗禮」至今。事後回想才明白，美國之所以有強大影響力，就是接收了許多國家的留學生，這種影響是潛移默化、滲透式的，例如會議時我常不自覺呈現美式作風直來直往；再看看台灣數十年來的政局，是被誰左右的，留日派？留歐派？留美派？

據云中美建交談判時，其中一項就是互派留學生；而中國開始向美國輸出留學生大約在一九八〇年代初，我自然也碰到好幾位，也有一起打工的（他們多不會開車只能洗碗），起初大家還刻意保持距離，沒多久就你來我往了，畢竟取下政治標籤後都是同文同種嘛，但思想大大不同。之後的發展和事實也證明，互派留學生的確是中美文化交流（思想改造）的最好方式，其實也是美國政府對他國擴大影響力的慣用手段。寫至此，突然想到「民國第一才子」錢鍾書為鍾叔河主編的《走向世界》叢書作序：「中國『走向世界』，也可以說是『世界走向中國』；咱們開門走出去，正由於外面有人推門，敲門，撞門，甚至破門跳窗進來。」他說的是清末民初狀態，然放到八〇年代海峽兩岸也是如此。

之2——想我留美的兄弟們

既來之，就回憶一下我的室友：一九八〇年代的「留美學人」。我們何其難得竟在人生某一個不曾預見的時刻和地點相遇了。

一位是來自工研院、與我同系的CHI，穿著頗有品味，我對非正式和正式穿著的認知即來自他的教導；前者如Ralph Lauren、三宅一生，穿在他身上就像年輕的賈伯斯；後者如Brooks Brothers、Hugo Boss，是他爭取RA獎學金或搏鬥權益什麼的裝扮，恍如電影《華爾街》中那些Power Suits（權力裝扮）再現；而我直至十多年後受邀蒙地卡羅參加摩納哥公國玫瑰盛宴（BAL DE LA ROSE）才有機會穿戴，然尊貴的友人說這場合應該穿紳裝，建議我買CERRUTI，以致如今仍不知穿上Power Suits的模樣像什麼。

CHI對「美國文化」做了不少功課，像如何利用優惠券（coupon）購物即是他傳授的。在我赴美那個年代，美國生活可謂是coupon economy，日常生活到處可見coupon，像又厚又重的週日報紙賣的便是coupon。所以到了互聯網時代，一波又一波類似Groupon網站的團購模式，我的理解就容易多了。

另一位是晚一年來、畢業於東海大學的T，有著令人為之側目的出場——開著嶄新豐田車，不像初來乍到的菜鳥，而呈現較多世故面，常半夜打越洋電話，後來才知他在炒股票，讓我見識到什麼叫「以錢賺錢」，稍後他坦承是某大飲料廠小開。他有次邀我至紐澤西的家，車拐入林徑徐行了一陣子，才曉得他住在森林區，怪不得草坪大到須駕曳引式割草機，果然家大業大。此爺們尚有一事值得紀念，為了烤好吃的牛排，竟連續出爐三次，直到室友們吃撐認可，但我真希望他買的是Prime級。

再一位是電腦系拿TA獎學金的五專應屆畢業生J，不像我們幾位服完兵役做了幾年事才出來，他自幼隨父母旅居海外，直至返台就讀北工五專，英語好到視為美國人也未嘗不可，生活型態也近乎，如灑古龍水、用刀叉吃食，加上應對進退彬彬有禮，是那種老人家看到便想把女兒嫁給他的年輕人，個性相當樂觀，唯一煩惱是，臉上的青春痘。

拜J之賜，我學著觀看美式橄欖球、籃球和棒球等賽事，吃了不少爆米花和洋芋片；也跟著他聽了不少龐克搖滾——有些歌的確會讓你成為某種信徒；更一起看了不少部電視影集，印象最深是非典型黑幫片《邁阿密風雲》（Miami Vice），主題曲支支動聽，如〈加勒比海皇后〉（Caribbean Queen）、〈你屬於這個城市〉（You Belong to the City），讓觀眾跟著雅痞刑警唐．強生開著法拉利到處逛，好像在看邁阿密MTV，促成日後我將《時報周刊》泳裝專輯帶到那兒出外景。

意外的是，J不會開車，買菜購物就搭我便車，有空便一起去Mall吃漢堡看電影，雖然麥當勞在我赴美前一年（一九八四年）已入台，但我的首嚐卻在留美期間，Big Mac是我人生的第一個漢堡，然而，溫娣漢堡的四分之一磅Single更受到青睞——我們喜歡它挑戰麥當勞牛肉堡不如它大塊的電視廣告「牛肉在哪裡？」（Where's the beef）；後來哈帝漢堡也以廣告「烤牛肉在哪裡」幽了溫娣一默，讓我們又愛上慢烤整條牛肉再切片放在漢堡而不加起司蔬菜的哈帝式吃法。

許多年後，當我在媒體任職時，屢屢聽到媒體界以「牛肉在哪裡」質疑政府政策，便想起那兩年在美國的漢堡經驗，才知此語之政治意義源自一九八四年副總統孟岱爾，以此語攻擊黨內對手政見缺乏實質內容。

還有一位攜眷陪讀兼打工的系友Y，是我第一年住處的前室友（他們夫婦住臥室，我和CHI共住客廳），畢業於北工三專的台中土豪，跟我一樣不怎麼愛讀書，志在經商。有天在城區覺察到黑人喜歡穿金戴銀，就去學鍍金打金飾，進口台製配飾，起先在跳蚤市場擺攤，沒多久就租店面了，許是同梯次中最早創業買房取綠卡者，且依計生下「美國寶寶」，羨煞許多人。

說到留學生活，不能不提廚藝。美式廚房以電爐為主，難以炒煮，故留學生多仰賴電鍋和烤箱，而為了「煮一次可以吃好幾天」，我通常會滷一大鍋雞腿翅、雞雜、豬耳朵、海帶、豆干等；同學聯誼，我就切滷味上桌，豬耳朵的鹹香爽脆備受讚嘆，其訣竅在於——我原本要祕傳吾兒，但他留學法國，自然不屑學，今在此揭示：先在炒鍋烤乾水分，再入鍋燜煮入味。此外，我的蛤蠣雞湯也是有口皆碑，訣竅是蒜頭先煎過、雞塊先汆燙過，哈，再來就靠大同電鍋了。

因好客，來者不拒，讓我認識了一位畢業於奧克拉荷馬州立大學的台塑業務L。他買了一輛相當拉風的本田跑車，有空就載我去兜風，巡視美國的社會邊緣，例如紐約紅燈區——阻街女郎林立的雀兒喜（Chelsea）街區，才搖下車窗，立即靠過來，搖手婉拒，卻換來比中指大聲消遣：「如果不做那檔事，幹嘛來這裡？」周遭女郎笑歪了，頓時詞窮臉紅，一溜煙走人。後來觀看電影《麻雀變鳳凰》還想起那一幕，須知當年紐約就像《聖經》描述的索多瑪，是一座充斥著毒品、淫蕩和暴力的萬惡之城，而紐瓦克就像蛾摩拉（《創世記》14:2-3）。

其時，全美正陶醉在《洛基4：天下無敵》創造之榮光幻想中，我們也不免俗地追至「費城藝術博物館」，當然不是去欣賞藝術，而是去跑「洛基階梯」（Rocky Steps）；當我看到L登上平台高舉洛基式招牌動作（彷彿赤手空拳可以勝過一切的宣示），突然一陣鼻酸，他為了等待綠卡已滯美兩年多了，有次返台幫他探親，才知其令堂是人形偶職人。

洛基系列之賣座，充分反映了冷戰時期之美國大頭夢與美式英雄主義，可說是社會集體情緒下的英雄期待，如同史特龍另一系列《第一滴血》。

之3——全世界最擅長製造英雄的國家

在我看來，美國是全世界最擅長製造英雄的國家，尤其是好萊塢，類似《超人》、《變形金剛》、《綠巨人》、《蝙蝠俠》、《蜘蛛人》、《美國隊長》、《神力女超人》，都是西部牛仔片之延伸，都是在製造「美國英雄」，所以有意無意也須製造出「假想敵」，以符合打擊魔鬼拯救世界的劇情想像。至今，或仍是這種思維，以致外交政策總會將自由民主掛在嘴邊，卻又帶著幾分威脅口吻，讓「受保護一方」不得不妥協，接受基改糧食與瘦肉精畜肉強行扣關。現實世界亦然。就像每次聽到政客引用蜘蛛人名言：「**能力愈強，責任愈大。**」（With great power comes great responsibility），我都覺得他正在吃迷幻藥；有時候「**沒有建樹，也是一種建樹**」——忘了哪一位美國政論家說的，似乎頗有哲理，對照今日台灣各地蚊子館，更似暮鼓晨鐘之言。嗯，其實我的意思是，我們不能天真地只收聽一種聲音，也須理性地收聽與解讀另一種聲音，才能航行在正確的方向。向大國徹底傾斜未必就比較令人心安，最後往往成為人家的籌碼。

現在回望那個不確定的年代，才知世界呈現兩種狀態：在充滿無力感的民主社會，有「製造英雄」之必要；在缺乏自信的獨裁政體，有「造神」之必要。

記得L有次載我回利文斯頓的美國台塑總部，正巧瞥見了煙囪時代「經營之神」二女兒，頓時像看到她父親那般興奮（用J世代眼光）。在我之前有「嬰兒潮世代」，之後有「X世代」，夾在其中的我這一代（出生於五〇年代末至六〇年代），現在總算有了「渴求一代」（Generation Jones）之謂，大概社會學家觀察到這一代老美對世界充滿渴求，如金錢、權力、名望、知識，故以美國俚語Jones（渴求）名之。

順帶一提，我那個年代崇拜的英雄，當然是王永慶、松下幸之助，以及當時如日中天、將克萊斯勒轉虧為盈的《反敗為勝》作者艾科卡。不難想像到了人工智能世代（Y和Z），又是不同的英雄了。每個世代都有自己的英雄，未來的英雄若是AI複製人，我也不會驚訝，但英雄的本質永遠不會改變。

不過這種以年代、年齡區分世代的方式，我是不怎麼認同的，或許應該以能否造成後世影響的世界大事來區分，例如留聲機、電視、網路、行動電話的發明與普及，或以國家領域內的大事來區分，例如五四運動、對日抗戰、國府遷台、文革、改革開放等等。因為一件大事的發生，通常影響好幾個世代的人。

之4——傳奇般的「紐約公寓」

上課期間，忙碌不在話下，唯寒暑假才能稍喘一口氣「結伴」開車出遊。結伴自是為了分擔旅費。在台灣國民所得三千美元對照美國一萬五千美元與四十比一的年代，大家都苦哈哈的；且說一例，NJIT台灣同學會一直都有為新生接機的傳統，但要酌收二十美元，初時不理解，抵達後才明白開車至甘迺迪國際機場可遠得很，油錢、停車費、過路費加上所耗費時間，這筆錢只能「聊表心意」；此外，學長載著你到處找房子、到超市購買生活用品、為你安頓生活，多少也要補貼些，更甭說前幾晚住宿也要付錢給願意收留你的房東，有別於「給我報報」創辦人馮光遠傳奇般的「紐約公寓」故事。

因同事中國時報系情誼，我也認識馮光遠，曾聽他提及留美期間租皇后區的老公寓，常有藝文界朋友或「朋友的朋友」來借住，有時一早醒來才發現客廳有陌生人打地鋪；其時他往來者有不少爾後在台灣藝文界發光發熱，如李安、楊澤、舒國治、羅曼菲、平珩、詹宏志等人，聞之似是紐約版《流動的饗宴》，令人有恨不相逢其時其地之嘆。

只能說紐約就是紐約，隨時有上千個觀看方式，隨時有像龐克搖滾教父路・瑞德（Lou Reed）那般節奏在街頭晃動著紐約，各路英雄好漢會中州。相形之下，紐瓦克就乏味多了，留學生封閉在房間裡築起自己的世界，往來同一小群人，去同一超市採買，走固定路線上下課，吃毫無變化的三餐，用彼此的眼光界定自己，以致無意識地上演法國劇作家沙特的《密室》：「他人就是地獄。」這就是為什麼我一定要逃離第一個租處（客廳）、逃離紐瓦克、逃離日常的原因。

偶爾，我也會至紐約開開眼界，例如到華埠看大陸電影，記得有次放映越戰片《高山下的花環》，照例先播大陸風光，突然有人靠過來：「想回祖國看看嗎？」把未經世故的我嚇壞了，擔心當年前往美麗島現場旁觀而被人密告教官之舊事重演。按當年教育部規定，出國前要至青邨（劍潭青年活動中心）研習，有一課程便是如何（或避免）與「匪」接觸，但一到美國不久，我就在溫州人開的小餐館打工了。

回憶一九八〇年留美生活：紐瓦克之*6*

人生，從一個圍城到另一個圍城

記得年輕時讀名家的旅行書寫，常覺得不可思議，為什麼寫著寫著就走入記憶深處呢？

是迷途？或有意為之？

頗似法國人類學家李維史陀踏查原始部落後書寫《憂鬱的熱帶》之自問：「為什麼要不厭其煩地把這些無足輕重的情境，這些無甚重大意義的事件詳詳細細地記錄下來呢？」

又言：「我們到那麼遠的地方去，所欲追尋的真理，只有在把那真理本身和追尋過程的廢料分別開來以後，才能顯出其價值。」

這個原因直到近幾年成為滄桑世故的旅人才領悟。因為自己的書寫也常常不知不覺走入記憶深處，把無甚重大意義的事件記錄下來，成為回溯寫作，尤其是舊地重遊的旅行；有時似是對記憶的整理，有時似是對記憶的修改或刪除，或可說是一種情境記憶的創作吧，讓旅人不由心生警戒，難道老之將至？

但，人生可有路徑從現實走入記憶深處呢？答案是，書寫。猶如柏拉圖形容的「寫作是回憶的拐杖」，讓吾人得以行過死蔭幽谷找到人生波瀾壯闊之景。

再回頭談談，留學生涯中人人皆有之的經驗：開車旅遊。汽車在我心目中一直是美國文化的載體。

一部車擠上五人是常有之事，攜電鍋旅行也不是沒有過。投宿汽車旅館時，派出一男一女取得房間鑰匙後，一票人再魚貫潛入，女生們睡床鋪，男生們打地鋪，那時候也不覺得有違良心道德，就像某些人跑到超市卸貨場「撿拾」塑膠箱當床墊和置物櫃，或找我一起在過期品、即期品垃圾車中「撿食」。

然今天回想起來，不免不解，為什麼從未想到去離紐瓦克不遠、位於愛迪生市的「門羅帕克愛迪生中心」？

就這樣，留學兩年，在車上收音機放送的告示牌流行歌排行榜陪伴下，跑了東岸不少地方，例如尼加拉瀑布、水牛城、波士頓、華盛頓特區、亞特蘭大、奧蘭多（迪士尼世界），可如今最深刻的回憶卻不是那些城市景點，而是一九八六年八月與L和J一起前往賓州威廉波特為中華少棒打世界冠軍賽加油吶喊的情景。開賽前老美用擴音器播放紅透半邊天的搖滾教父史普林斯汀吼唱的〈生於美國〉（Born in the USA），其中有段歌詞說：

來到一個擁擠的城鎮
他們給我一支來福槍
把我送到外國的土地上
去殺了黃種人……[1]

最後一句意有所指，可事與願違，結局是十二比零，中華隊大勝美西隊，榮獲第四十屆世界少棒冠軍，讓我們想像的國族自尊和自豪瞬間膨脹如熱氣球升空，與奮地暫忘人生的艱難，例如為了張羅此行旅費（包括賓州蘭卡斯特拜訪阿米許），我去應徵老美不屑做的學校自助餐廳封閉式碗盤輸送帶之臨時清潔工，因為要夠瘦小夠卑微才鑽得進去，這是校方唯一允許外國留學生合法打工的機會。我甚至幻想過，如果美國政府允許我洗碗盤維生，我願意留美數年洗遍五十州，這樣的旅行書一定很有趣吧？

若想了解美國人的愛國主義，去看場球賽便知什麼是同仇敵愾的情緒了。扯遠了。不過，樂觀主義和理想主義一向是美國的立國基礎，而史普林斯汀很擅長捕捉這兩種主義召喚的情緒，寫進字裡行間，這首歌有各種解讀，被誤解和不當引用是常有之事，例如作為雷根連任競選主題曲。實際上，此歌是在表達越戰老兵受到社會排斥的悲涼與抗議，如今在許多場合卻常作為準國歌播放。或因缺乏國族共鳴，我認為此歌遠不如成名作〈生來奔跑〉，這首歌敘述的正是一個用生命說故事的音樂人，或說社會底層的年輕人，在社會邊緣的心聲，充滿希望、夢想與失落感。

前幾年，英國女歌手愛黛兒哀傷吟唱〈像你一樣的人〉（Someone Like You），讓許多人淚流滿面，我卻無多大感受，若有傷感也是來自「我的時代已逝」之喟嘆，可見每個人每個世代都有屬於自己的背景音樂，正如同一本好書若打動我們，有時候會有一種靈魂被洗滌的感覺，幫助我們撥雲見日，照見原本看不見的未來。

這就是我在紐瓦克「流動的饗宴」，然而，天下沒有不散的筵席（All things do come to an end），我的室友與同學畢業前不約而同都有一種迫切危機：趕快找到工作，或攻讀博士，最後成為Taiwanese Americans（台美人）；惟我自忖不適合「美麗新世界」，便放棄博士班入學許可，加上昔日同窗來鴻，隱約透露台灣社會即將有一場劇變而興奮，但身旁同學對島嶼風雨飄搖卻憂心忡忡，擔心島嶼太小放不下他們的夢想，但我想我回台灣就可以明白了，便至紐約辦事處申請one-way ticket（青輔會提供留學生返國服務的機票），在一九八七年七月結束了我的美國夢返台，恰恰趕上了台灣的不確定的年代。

幸或不幸呢？

多年後，偶拾錢鍾書小說《圍城》，不禁嚇出一身冷汗。若早幾年讀，說不定就不出國留學了；若留學期間讀，可能就不返台了。誠如錢夫人楊絳的注解：「圍在城裡的人想逃出來，城外的人想衝進去。對婚姻也罷，職業也罷，人生的願望大都如此。」通過這本小說的提醒，我才洞悉人生其實是由一個又一個「圍城」構成的；好不容易離開圍城，又進入另一個圍城。好小說具有預言性，又是一例。

返台倏忽三十多載，從一個公司到另一個公司，從一個產業到另一個產業，從單身到結婚再到生子，從昨天到今天，生命從一個狀態到另一個狀態，皆是從一個「圍城」到另一個「圍城」，皆是一次又一次的經驗未知，更是自我的無窮探索，我想這就是旅行的真諦：不只是認識世界，也是認識自己。

注

1 原文歌詞為：

Got in a little hometown jam
So they put a rifle in my hand
Sent me off to a foreign land
To go and kill the yellow man

實驗室工廠時期

門羅帕克
Menlo Park

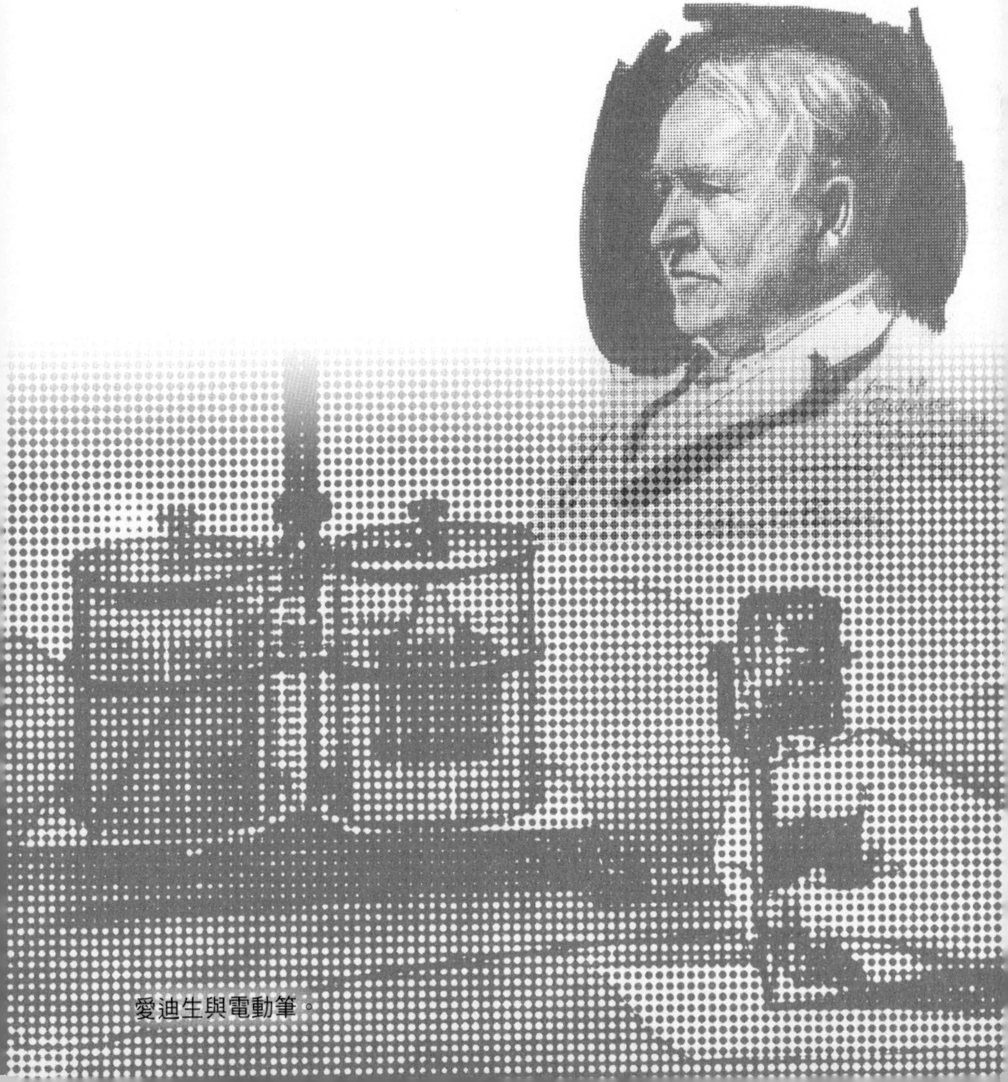

實驗室工廠時期：門羅帕克之1

留聲機的誕生

之1

門羅帕克巫師

一八七六年，二十九歲的愛迪生關閉了紐瓦克創業基地，遷往四十公里外遠離人煙的拉里坦市一處名為「門羅帕克」的僻靜丘陵地，以三十四畝地設立一個「以發明為業」的實驗室園區，不同於當時發明家的獨釣寒江雪，他成立團隊，致力創新和發明，無意中創造出一種「發明工廠」的新商業模式，即今研究機構之先驅。

我們從紐瓦克出發，不到一小時就抵達了，高聳的「愛迪生紀念塔」（頂端有一個四公尺高的巨大燈泡）映入眼簾，愛迪生迷神情些微激動——終於，來到夢想多年的愛迪生實驗室遺址了。愛迪生的幾個重大創新發明如：留聲機、電話（送話器）、白熾燈泡皆出自此處。

作為白熾燈泡誕生地，當地居民在一九五四年公投，更名為愛迪生市（Edison Township）。

紀念塔旁有間迷你型博物館，館藏繁雜，如一家五花八門的古董店，包括白熾燈泡、發電機、多重電報機、留聲機、油印機，以及昔日媒體報導、家庭照、實驗室圖片等，其餘區域形成一片森林，列入國家遺址名錄。

展品中有張紐約畫報《The Daily Graphic》，將愛迪生畫成戴巫師帽托水晶球燈的滑稽樣，標題「門羅帕克巫師」（The Wizard of Menlo Park），呈現愛迪生當時在大眾心目中的形象，也成了今日紀念T恤最受歡迎的圖案。

愛迪生迷對博物館各式留聲機如數家珍，我則是劉姥姥進大觀園，赫然發現初期的留聲機「唱片」竟是罐裝可樂狀的圓柱體，表層塗蠟，稱為「蠟管唱片」（Wax Cylinder），取代剛發明時的錫箔式圓筒（以錫箔紙包裹鑄鐵圓筒）。至此才知愛迪生迷收藏的二十多部留聲機，從圓柱體唱片到圓盤型唱片，猶如早期留聲機發展史。

有位老志工為我們解說愛迪生留聲機的原理：「儲存聲音」和「取出聲音」。前者利用聲波震動一片金屬薄膜（功能似耳膜），驅動上面的金屬針將聲波刻錄在錫箔圓筒上，形成波狀刻槽，彷彿聲音走過的軌跡，此即儲存聲音的唱筒；後者則是前者過程之重播，用曲柄轉動圓筒發條，讓唱針沿著唱筒上的波狀刻槽行進，再透過銜接的大喇叭放出聲音，此即取出聲音。

為了讓參觀者有更多理解，老志工取出一罐蠟管唱片，套在軸棒上，轉動曲柄（旋緊發條）帶動內部機械運轉，再調整唱針，播放出一分多鐘的歌謠，我的目瞪口呆一定如同當年圍繞在愛迪生旁的助手，乍然聽到愛迪生剛剛朗讀的童謠〈瑪莉有隻小綿羊〉[1]第一節重播出來：

「Mary had a little lamb（瑪莉有隻小綿羊）／Its fleece was white as snow（羊毛潔白如雪）／And everywhere that Mary went（不管瑪莉去哪裡）／The lamb was sure to go（小綿羊都跟去）」。

「大家都嚇傻了，就連愛迪生自己也嚇一跳，過去做實驗從未如此順利，一次就成功了。」老志工繪影繪聲像親臨現場。的確，世上有許多發明創新，都是在之前的基礎上做出來的，很少是平地一聲雷凌空出現，「當助手看到原型機時，還以為愛迪生想發明灌臘腸機呢。」

「為什麼愛迪生唱這首兒歌？」有小朋友問。今天有一群校童來見習。

「極有可能是小時候媽媽教的，或者聽到太太唱給小孩聽。我小時候也唱過，你們呢？」眾童大笑。時代不一樣了。

就在解構貝爾電話、企圖將聲波記錄下來時，愛迪生查覺到音量變大時，針的顫動程度就會增大；反之，針的顫動變小。他馬上意識到這個現象有著不尋常的意義，但不知哪來的偶發力讓他聯想到：既然聲音能產生機械振動，反之機械振動能否讓聲音再生呢？

於是立即改變研究方向，反覆實驗，終於找到儲藏聲音和取出聲音的方式，從意外發現到實驗成功只花了四個月，或許不應該驚訝，愛迪生本來就很熟悉電報機的運作，而留聲機的構造與電報中繼器雷同，差別在於振動板取代了電磁感應器而已。

由於留聲機是一種超越當時人們想像的原創性發明，不同於電報、電話、電燈都是在他人的創新基礎上加以改良（所謂「漸進式創新」），所以，專利在一八七七年十二月六日很快就核准了（只花了五十七天），吸引許多人湧至門羅帕克，想親眼目睹「巫師」和「會說話的機器」，連遠在華府的國會和總統也來邀請。翌年，愛迪生應邀至巴黎博覽會展演，與貝爾的電話機相互輝映。

當時清政府派遣西方的首位外交官駐英法公使郭嵩燾在一八七八年（光緒四年）五月一日也出席了他所謂「萬國珍奇會」（巴黎博覽會）開幕式。他的《倫敦與巴黎日記》便記載他返倫敦後，在某個下午茶會遇見了「愛諦生」為大家演示「美人格力音貝爾所創造也」的「傳聲機器」，並拆視之，以人耳如何收聽聲音來講解機器的發聲原理——請容我把這一段生動的奇遇摘錄如下：

詢之愛諦生，云：凡聲非在外也。人耳中自有聲，觸人聲而成語言。蓋所以成聲者，由耳目（內）有薄萌，感聲而自動，聲愈大則動愈疾，以是能辨知其聲之高下清濁……其妙處皆視其鐵萌之動，其始之受聲而動有遲速；其後之發聲，由針觸輪而激動其萌，亦與受聲之遲速相應。傳聲之法，張吻向巨口筒琅琅言之，多或數十語，少或數語。既傳言，納之筒中，加罩覆之。推使其針緊逼輪孔，而後發機轉動，則所傳之言皆自罩中一一傳出。有為長歌者，亦以歌傳出之。有兩人接續傳語，亦接續傳出。中間稍間，一一符合。愛諦生以此筒傳語，數萬里外無或爽者，真神技也。

描述甚詳。此一經驗對郭嵩燾之衝擊想必是彗星撞地球，他看到的神技都是清朝人所不能理解，更無從與自己家鄉的任何東西對照比較；半年後，日記上便載購入「方羅格納夫」（留聲機）、「買格洛風」（麥克風）、「特累風」（電話），以及一具「雅伯洛廓夫電汽燈」（電蠟燭）——料是俄國工程師雅勃洛奇科夫在巴黎博覽會期間照亮歌劇院大道的碳弧燈；可沒料到，卻被當朝譏諷「**喜好奇巧淫具，不符大國官員身分**」，參劾他「**有貳心於英國，想對英國稱臣**」，遂召回，知識追究被迫中止，史學家汪榮祖稱為「**走向世界的挫折**」。

類似挫折，到了無遠弗屆的二十一世紀仍不時出現，面對的「世界」既熟悉又陌生。該來的還是會來，如錢鍾書言：「咱們開門走出去，正由於外面有人推門，敲門，撞門，甚至破門跳窗進來。」經過愛迪生改良的蠟管式留聲機終於在一八八九年引入上海，稱為「記聲器」，又稱「唱戲機」。查一八九〇年初出版的《格致彙編》中有篇〈新創記聲器圖說〉已見留聲機記載：「**數年前，西人創有傳聲器即德律風**[2]**，能遠近通言，已屬巧而奇矣。今又有人造成記聲器，能記存言**

語，數發其聲，是奇而又奇矣。創此器者，美國人名愛第森也。」

當年譏諷郭嵩燾的朝野，若讀到這一段文字，會不會為昔日「義正嚴詞」感到臉紅？

還有，愛迪生又如何看待這一位長辮旗服的中國改革派官員呢？我尚未找到記載。但遺憾的是，當發明家興高采烈載譽返回門羅帕克，卻發現「會說話的機器」已淪為馬戲團巡迴表演的「聲音玩具」，才一年多就沒戲唱了，到底出了什麼事？

之2——天才如何抓住靈光乍現

愛迪生發明留聲機，當時人皆視為「天才」，或謂具有「偶發力」；這種例子在發明史上屢見不鮮，譬似雷達專家斯賓塞（Percy Spencer）經過實驗室磁控管前，口袋中的巧克力棒突然融化了，但他的反應不是像我輩暗自咒罵幾聲後棄置或趕緊吃掉它，而是好奇、研究，還拿玉米粒去實驗，變成爆米花，日後遂有微波爐的發明。又譬盤尼西林、炸藥、鐵氟龍、魔鬼氈等，皆可看到類似偶發力的存在，故說每種遭遇都有其偶然性、戲劇性，發明絕不是瞎貓碰上死耗子的「意外」，具有偶發力的人絕不會視而不見這種意外，就像法國微生物學家巴斯德（Louis Pasteur）說的：「機會只賜予準備好的人。」

愛迪生亦不認同天才論，曾言：「天才的祕密就是工作、堅持不懈和健全的理性。」在一九〇三年受訪時，針對留聲機的發明說出膾炙人口的一句名言：「天才是百分之一的靈感，加上百分之九十九的努力。」

故說「偶發力」，或稱「靈光乍現」，近似廣告大師楊傑美（James Webb Young）主張的「南海魔島理論」：魔島（創意）的出現是無數珊瑚礁經年累月的累積（努力），而在某一時刻突然冒出海面（靈光乍現）。換言之，創意絕對無法超越個人經驗之外。

所以，千萬不要隨意跟人提出「幫我出個點子吧」，好像喝杯咖啡點子就會如雨後春筍般長出來，這是極其失禮的行為，按詹宏志《創意人》的說法是：「侮辱了他過去的所學所思。」

當報章媒體以「十九世紀奇蹟」形容留聲機、恭維愛迪生是「世紀發明家」，更重要的意義是，門羅帕克實驗室的價值被看到了，證實發明本身也可以成為一種事業，而且這種集合眾人之力將構想迅速實現、申請專利的「獨立實驗室」模式——有謂愛迪生最偉大的發明之一，開創了美國發明史的黃金時代，後來的研究機構也循此模式建立，如貝爾實驗室、奇異研發中心。

雖然錫箔式留聲機，只能轉動一分多鐘，能表演的東西也很有限，但愛迪生對它的未來充滿期待，還預想了十個商業用途，如口述紀錄、通訊錄音、音樂、名人語音保存、教育、會說話的玩具、書籍錄音給盲人、音樂盒等；為此還特別製作了一款會說話的洋娃娃給五歲女兒瑪莉安。但一八九〇年推出二十秒童謠的「愛迪生留聲機娃娃」（高五十五公分，重一．八公斤），卻慘遭滑鐵盧，上市僅六週就停產了，說是播音裝置沒幾下就磨損，可能也不怎麼可愛，聲音還有些恐怖，僅有極少數倖存至今當古董收藏，也不敢播放，唯恐毀壞了裡面的蠟管式留聲機。

說來難以置信，留聲機發明後，愛迪生便擱置了留聲機的改良，低估了這個「會說話的玩具」的商業潛力，但有一個發明家看出它的潛力，持續改善錄音品質和驅動技術，此人正是電話專利持有者貝爾，花了五年時間，終在一八八五年研發出新款留聲機「格拉福風」（Graphophone），以塗蠟紙板圓筒取代愛迪生的錫箔式圓筒，讓「罐頭音樂」保真度提高，還可延長使用壽命；接著以踏板取代了愛迪生留聲機上的手動曲柄，最終使用馬達驅動，讓留聲機大幅進展。

等愛迪生發現競爭者意圖時，才回過頭來正視留聲機已是十年後了，此時貝爾授權的格拉福風業已上市，經過幾次合併成為唱片業巨頭「哥倫比亞唱片」。

為了迎接貝爾的挑戰，愛迪生不得不重啟研究，推出可重複使用的全蠟圓筒式唱片，無可避免引起專利權爭議，最終雙方簽訂專利共享協議，以全蠟圓筒式作為標準格式上市。不過，真正的商業化量產，則要等到德裔發明家貝利納（Emile Berliner）於一八八七年成功研製出世界上第一台手搖式碟型唱盤留聲機「格拉魔風」（Gramophone），以塗蠟的七吋圓盤作為唱片，雖然無法像全蠟圓筒式唱片可自行錄音，卻可製成母版量化複製，謂是唱片業的「破壞式創新」，接著在一八九一年又研製出「蟲膠唱片」（俗稱七十八轉），近代唱片業因而奠基。

雖然愛迪生對留聲機的用途有自己的價值主張和想像，卻沒有引起消費者共鳴；今日回顧留聲機的用途，不是愛迪生想像的商業口述和通訊，也不是會說話的玩具，而是「娛樂」——這是使用者對產品思維有了不同的理解而創造出來的需求，不是沒有娛樂生活的愛迪生可以想像的。

這個發明顯然違背了「需求是發明之母」法則，是發明本身創造出人類的需求，再透過「消費者的集體行為」帶動另一種產業的創新。當留聲機普及後，當時像奢侈品的音樂表演，逐漸成為普羅大眾流行文化，明星也順勢產生了。

從留聲機誕生過程，可發現愛迪生極擅長媒體操作：先放消息給媒體引起期待，接著帶原型機去拜訪有公信力的科學雜誌（提供獨家新聞），再來就讓大眾媒體爭相報導。當然，愛迪生很樂意配合媒體宣傳自己的發明，藉以影響資本家來募集資金。日後研發白熾燈泡、改良留聲機，以及許多創新發明，手法如出一轍，有時八字還沒一撇，就利用媒體先放風聲，例如：召開記者會預告「電燈時代」來臨，造成煤氣燈業者恐慌與證券市場下跌，但愛迪生從不是無的放矢，而是腦袋已有想法了。

導覽結束，老志工過來寒暄，得知我們從台灣專程前來，非常開心，因為愛迪生所代表的「建造美國偉大的英雄」（他的說法）已日漸式微，取而代之的是馬斯克、賈伯斯、貝佐斯、祖克柏等雲端科技英雄。

雲端？另一個追尋故事突然一閃即逝，讓旅人的心情就像〇〇七龐德回到實驗室找Q先生。

注

1 此歌是美國作家莎拉．黑爾（Sarah Hale）詩作改編，在一八三〇年代傳唱開來。莎拉是位傳奇女性，為了將一六二一年「五月花號」移民美洲的感恩習俗定為法定節日，從一八四六至六三年間不停寫信給在位總統，直至林肯才批准十一月的最後一個星期四作為「感恩節」，不過，卻是為了紀念解放黑奴爭取人權自由的南北戰爭將士與團結美國制定，而不是狹義的五月花號之爭取信仰自由。但固定在「每年十一月的第四個星期四」，則要等小羅斯福總統在一九四一年簽署才確立。

2 德律風：電話。

追尋愛迪生
實驗室工廠時期：門羅帕克之2

電話的誕生

之1——

中國公使體驗「卑爾所制聲報」

愛迪生在門羅帕克期間，有一個重要創新是電話「送話器」，或說是「電話機的型態」：一邊對著送話器說話，一邊用耳朵聽著受話器，影響半世紀之久。

前文提到，清廷首位出使英法的公使郭嵩燾，曾於一八七八年五月在倫敦的茶會上，見識了愛迪生演示留聲機，嘆為「神技」；前一年十月，亦受邀至倫敦某電氣廠參觀，體驗「卑爾所制聲報」，雖經過解說，仍坦言「其理終不能明也」，僅以「有聲音的電報」看待，音譯曰「德律風」，也是一個有趣的故事。

據公使日記，電話兩端安裝在樓上和樓下，以電線連結，令隨從翻譯張德彝（隨使八次，著有《航海述奇》八部）到樓下接聽，展開中國知識份子初涉文明世界的惶恐對話：

「聽聞乎？」

「聽聞。」

「你知覺乎？」

「知覺。」

「請數數目字。」

「一、二、三、四、五、六、七。」

或因「使用者體驗」欠佳，日記中評曰：「其語言多者亦多不能明，惟此數者分明。」可見此時電話僅能「告知」，尚難以溝通聊天。

郭嵩燾出使數年，經歷不少文明震撼，眼界大開，自然不認同僅僅「師夷長技」的洋務運動，便倡言效仿西洋政教制度做體制改革，嘗試替自己的時代找一條出路，卻不見容於當朝，迭遭貶抑，但後世史學家汪榮祖卻推崇他的失敗並不因而失去意義，謂：「歷史上應發生而未發生的事，仍具有意義，甚至可作為一種歷史的教訓看待。」這是歷史學家的視野，或也是吾輩應該學習的人生態度，成敗得失各具意義。

一八八一年德律風也吹到上海租界，拉起電話線，成為當時世界擁有電話的少數城市之一，各地接踵為之，以致中國的電話業務全掌握在外商手中；直至一八九九年（光緒二十五年）才由電政督辦盛宣懷奏請發展電話事業：

德律風創自歐美，於電報為支流……入手而能用，著耳而得聲，坐一室而可對百朋，隔顏色而可親謦欬，此亙古未有之便益。故創行未三十年遍於各國，其始只達數十里，現已可通數千里……中國之有德律風也，自英人設於上海租界始，近年各處通商口岸洋人紛紛謀設……他日由短線而達長路，由傳聲而兼傳字，勢必一縱而不可收拾，不特中國電報權利必為所奪，而彼之消息更速於我。制防不早，補救何從？現在官款恐難籌措……唯有勸集華商資本自辦德律風，與電報相輔而行自通商各口岸，次第開辦。再以次及於各省會、各郡縣，庶可預杜諸邦覬覦之……

奏摺陳詞剴切，但也盼了五年（一九〇四年）北京各部會和王公大臣之間才安裝了一百部電磁式電話（magneto telephone），且遲至一九〇七年才開辦上海電信局，實現了神話故事中的「順風耳」。

說起盛宣懷，不能不稍補述。一八八〇年十月，李鴻章奉旨籌設電報局，委任盛為總辦；後來在李的支持下，開啟了航運、銀行、紡織、電報、礦業、海關、鐵路諸多洋務，成立了好幾家「官督商辦」大企業，還創辦了北洋西學學堂（今天津大學）、南洋公學（今上海交通大學）、中國紅十字會等；民國成立後，續在上海租界主持輪船招商局和漢冶萍煤鐵廠礦公司，顯赫一時。宋美齡母親倪桂珍婚前就曾在盛家擔任「養娘」（保母兼家庭教師），沿此裙帶，宋靄齡（嫁孔祥熙）後來也進了盛家當家庭教師，還拉拔宋子文進入漢冶萍擔任英文祕書，差點當了盛家女婿。由於宋家三姊妹的識見，挑了三個風雲人物婚配，孔宋家族於焉成形，取代了沒落的盛家，又是另一個故事了。

但盛宣懷更為人知的，可能是他和「紅頂商人」胡雪巖之間的商戰——暗裡實是李鴻章和左宗棠的政爭。在高陽小說《燈火樓台》中，對盛如何利用電報整垮胡有頗生動的描述，先是掌握胡的資金調度情報（當時錢莊間已用電報通訊），趁其資金缺口，嗾使大戶提兌，再通過電報散發胡無力償還銀行借款的謠言，迫使胡賤售家產，更將胡向左求救之電報攔下，錢莊終遭擠兌倒閉——結局屬實，但過程充滿了種種算計而讓人忘了這是小說情節，影響了評價與判斷，就像《三國演義》影響人們對真實諸葛亮的看法。實際上，胡的倒閉實因昧於時勢，囤積大量蠶絲，敗給了工業化紡織。雖然稗官野史對盛某諸多負評，但維基百科卻稱許他是「實業家和福利事業家」、「對於中國通訊事業和教育都做出過傑出貢獻」。

其中攔截電報一事，其來有自。當八國聯軍侵華之際，時任鐵路大臣的盛宣懷下令各地電信局扣押清廷的宣戰詔書，並致電李鴻章和東南各行省督撫策畫了「東南自保運動」，與列強簽訂和平協議，為日後軍閥割據埋下伏筆。

之2——吻兩千隻青蛙找王子

的確，電話之初，傳聲效果很差，聽和說都用同一具裝置，當一人說話時，另一人須側耳傾聽，傳聲頂多三公里，但貝爾此時已心力交瘁，其岳父合夥人本想以十萬美元賣出專利權，卻遭西聯高層以「毛病太多，不能當成一種通訊方式」、

「有電報就夠了」為由拒絕；英國郵政也以「我們有足夠的郵差」否決了電話。企業的命運在這一刻被決定了。可見企業瓶頸永遠在上面。

然而，貝爾電話機卻在一八七六年費城博覽會驚豔全場，大眾為之瘋狂，此事讓西聯感到不安，真後悔沒將貝爾的電話專利權買下來，將之優化，或者束之高閣冷凍，以確保電報事業能繼續賺錢。

當時西聯面對的困境，頗似創新學權威克里斯汀生所謂「創新的兩難」，明知將來有一天電話（破壞性創新）會取代電報，卻無意投入大量資金去研發電話、提前淘汰自己的電報設備，便求助於愛迪生，能否研發效能更佳的電話，對抗貝爾的專利。

愛迪生不知哪來的靈感，將貝爾的電磁式電話拆成送話器（話筒）和受話器（聽筒）兩個裝置，再針對送話器以聲波觸動振動板導引電磁鐵產生電流的送話方式，改用炭素取代電磁鐵產生電阻的方式來傳送電流，發明了「炭感應送話器」取得專利。

說來不可思議，為了找到送話器中改變電阻的物質，愛迪生實驗了兩千種物質，最後竟然是一片燻黑的煤氣燈罩碎片引起他的注意而聯想到煤煙炭垢或可一試，那種感覺好像親吻了兩千隻青蛙才找到《格林童話》裡的王子。這種「親吻青蛙」的研發方式，一直是愛迪生這位「天才」的做法。

為了拉長通話距離，愛迪生從多重電報機的設計經驗中，聯想到使用感應線圈來加強電流，受話器才能清楚聽見遠方傳來的聲音。於是，愛迪生利用紐約和費城之間的西聯電報線進行實驗，證明了他的炭感應送話器確實比電磁式電話更大聲、更清晰；但更重要的意義是，電話的基本型態（送話器與受話器分離）在這一次實驗中確立了。

事實上，愛迪生的炭感應送話器，就是今天的「麥克風」。

接著，愛迪生又改良受話器——為了避免侵犯貝爾的電磁式裝置之專利，他研發出另一種受話器，但此受話器操作不便，製造亦有難度，不如貝爾的電磁式受話器好用，最終也被棄置。

有了愛迪生的專利，西聯在一八七七年砸下三十萬美元成立美國電話公司對抗貝爾電話公司，雙方互訟，掀起「電話發明人」爭議，最後在一八七九年十月達成協議，因為前者需要後者的電磁式受話器，後者也需要前者的炭素式送話器，才能做出實用的電話機。

根據協議，西聯承認貝爾公司的專利合法性，退出電話業，專營電報業，但後者需在專利的十七年間將收入的兩成分給前者，估計為西聯賺取了三百五十萬美元權利金，看似賺了大錢，卻輸了未來，幸好西聯開發出電訊匯款銜接未來，順利轉型為金融匯款公司。

之3——我聽到貝爾叫我！

貝爾如何發明電話？

起初貝爾與助手沃生在波士頓研究諧波電報器，希望能在同一條電線上同時同步傳送多條訊息，卻在一次收報器故障中，發現電流關掉後，竟有某種怪聲透過電線傳回發報器，他立即覺察到，電磁與聲音似乎有某種互動關係，因而激發了「用電流載話」的想像——又是偶發力，有人將此刻視為「電話的誕生」。

由於他本身是聾啞教育家，對人耳構造相當了解，因而仿造出一種類似鼓膜的金屬膜片作為振動板，在中間貼住磁性簧片，一旦受到振動便會促使簧片移動到電磁鐵裡面，產生電流傳送給對方。

就這樣不停地實驗改善，一八七六年三月初在未來岳父的律師協助下，取得電話專利權，擊敗同一天稍晚數小時提出申請的格雷。離譜的是，兩人申請專利時都沒附上原型機，僅有概念圖，埋下日後紛爭的導火線。

緊接著在三月十日的一次實驗中，當他對著送話器喊道：「**沃生先生，過來！我要見你！**」（Mr. Watson, come here! I want to see you!）他沒料到剛剛說了電話史上最重要的一句話，只見沃生發瘋般大叫：「**我聽到貝爾叫我！我聽到貝爾叫我！**」直奔貝爾房間。這個「神奇一刻」，有一說是貝爾不小心把稀硫酸潑濺到身上，不禁脫口叫喚沃生來幫忙，日後被AT&T加油添醋作為宣傳，成為一則「傳奇」。將企業創辦人的事蹟傳奇化，甚至無中生有，一向是政治獨裁者的形象操作，現在則是企業的品牌操作；若有必要，還會創造「神話」來塑造企業形象。

一八七七年七月九日，貝爾在岳父和友人支持下，成立了「貝爾電話公司」，經過數年整併，在一八八五年建立AT&T，主宰美國電信業一整個世紀，直到一九八〇年代才被法院以反托拉斯為由拆解為七家Baby Bells。時年三十一歲的貝爾，苦盡甘來，又娶到苦追多年的家教學生——失聰的梅布爾（Mabel Gardiner Hubbard），但他對做生意興趣缺缺，也不喜歡送往迎來，寧可將時間致力於聾啞教育，他甚至認為父親發明的「讀唇法」遠比電話的發明更重要，著名的盲聾作家海倫・凱勒就很感謝貝爾對聾啞者的協助。不久，貝爾又回到他喜愛的研究領域，將電話公司交給專業經理人維爾，發展成獨霸全美的AT&T，還建立了影響深遠的「貝爾實驗室」。事實上，維爾才是推動電話普及化最重要的舵手，就像愛迪生之於電燈和電力系統。

縱使「電話發明者」有爭議，世人仍將桂冠戴在貝爾頭上。例如用來測量聲音大小或檢驗聽覺障礙的「分貝」，就是為了紀念貝爾。當貝爾在一九二二年八月二日辭世（享年七十五歲），兩天後舉行葬禮時，美加兩國的電話系統還為他靜默一分鐘致敬。

「電話發明者」的爭議從貝爾取得專利以來未曾停歇，陸陸續續打了六百場官司，即便身後仍不時有人提出挑戰。嚴格說來，電話機的發明來自許多人的經驗累積，遺憾的是，榮耀只能給第一個獲得專利的人。

但貝爾的歷史定位，在二〇〇二年六月十五日被翻案了。證據顯示，有位義裔發明家穆齊（Antonio Meucci）早在一八五五年，即在住處安裝了世界上第一座電話系統，讓行動不便的妻子可從二樓打到地下室給他；他在一八六〇年曾於紐約的義文報紙公開他稱為「teletrofono」的傳聲裝置；在一八七四年還寄了幾個原型機給西聯，期待合作機會，卻石沉大海。後來因無力繳納每年十美元的「專利暫准」費用而失去專利，抱憾以終。

在國會兩百六十九號決議案中，確認穆齊為「電話發明人」，但又如何？教科書是否要改寫呢？他的發明對電話的普及性有任何影響嗎？

在我心目中，真正的偉大發明一定是，推動了文明進程。

之4——「Hello, it's me!」

前文曾提到，留聲機誕生後未如預期受到歡迎，帶來新的生活形式，以致沉寂許久。事實上，電話的發明也是如此，本以為會受到商界歡迎，不料人們認為做生意應該面對面說話，以致遲遲打不開市場，就像打字機發明之初，人們也是認為手寫才有誠意，甚至有媒體將電話視為「家裡的間諜」，更誇張的，在加拿大蒙特利爾流行天花之際，人們竟以為是沿著電話線傳染開來。

幸好，美國的家庭主婦「創造」了電話的妙用——把「電話聊天」變成一種樂趣，才將這個新發明推廣出去。如之前提到的留聲機一樣，新發明皆是透過消費者的真實體驗才確立了用途，產生新的行為模式。回想多年前的錄放影機，賣到台灣也不是用來錄影，而是用來放映錄影帶，造成錄影帶出租店和MTV林立，直至第四台興起才回到原先的錄影功能。

新技術帶來了新生活，無疑也帶來了新困擾。有線電話普及後，人類行為受到極大影響，接電話成為必須優先處理之事（除非你受得了鈴聲），在家裡想好好吃一餐或睡個覺都被干擾了。但今日智慧手機影響更嚴重，娛樂用途成為欲罷不能的癮頭。可見人們的意志力極有限，商品只要「提供樂趣」就可以改變人們的行為，這個新發現等於是另一種形式的創新，讓「樂趣化」成為威力強大的現代商業工具。

雖然電話不是愛迪生原創，但他對送話器的改良在電話的實用化最具貢獻，將電話機的聽筒和話筒分離（貝爾的原始設計是話筒也是聽筒）更是一大創舉；還有，電話招呼語Hello，我認為是更偉大的「發明」。

此字似是愛迪生在留聲機和電話研究期間，測試音量的無意識囈語。為什麼使用Hello？愛迪生曾在一封信中解釋：「用Hello打招呼，離開電話機即使十英尺、二十英尺遠，還能聽得一清二楚。」此字被當時的接線生廣泛使用而成為電話招呼語，她們因此被稱為Hello Girl，後來更打破語言藩籬，成為不分語言族群的世界性招呼用語。

從電話的演進與Hello的普世，我們發現一個事實：誰提供了新應用和新詮釋，就產生了創新；誰占領了標準和習慣，就產生了影響力。

此時突然傳來英國創作歌手愛黛兒唱的金曲：「Hello, it's me...」令人隱隱作痛的歌詞娓娓道來，此刻Hello已經不再是一個招呼語，而是社會的某一種集體情緒了。

追尋愛迪生

實驗室工廠時期：門羅帕克之3

電燈的「發明」

之1——四十小時的守靈

愛迪生「發明」了電燈？

這個說法有諸多爭議，但燈泡的發明毋寧說是「漸進式創新」，而由愛迪生總其成，將其普及化，這個過程實際上超越了燈泡本身，還包括了發電廠與整個電力系統的布建，是一種調度各種資源的創業大行動。

故事要回溯到一八七八年某日，愛迪生受邀去參觀一座裝設弧光燈的工廠，發現電燈並沒有多少進步，一整串光源就像探照燈一樣刺眼，無法個別打開或關掉其中一盞，不適合一般家庭使用，他立即有了想像：能否「分割電流」，像煤氣一樣分送各個家庭，取代煤氣燈？

對「社會需求」敏感，對「社會現狀」不滿，往往就是創意的開端。總之，愛迪生想讓每個家庭、每一盞燈都有自己的獨立開關。

這些想像在當年非常大膽，牽涉到電壓、電阻、電流等愛迪生並不熟悉的電氣領域，幸好法拉第發電機業已問世（一八三一年），使電力照明有了根基。

按當時的電燈研究有兩個方向，一是弧光燈，一是白熾燈。前者係英國化學家戴維在一八〇八年的發明；此人泱泱君子也，遇人推崇他，便說：「**我雖然在科學上有許多發現，但這輩子最大的發現是，發現法拉第。**」法拉第與愛迪生一樣出身貧困，沒受過什麼教育，都是自學成功，受戴維引薦嶄露頭角，在電磁學與電化學領域做出里程碑貢獻。前文提及清廷駐英公使郭嵩燾購買的「雅伯洛廓夫電氣燈」，即是弧光燈，一八七七年巴黎博覽會期間曾裝設於巴黎歌劇院前街道上。

經愛迪生評估後，將研究方向放在白熾燈，其時英國人斯旺已用低電阻碳桿燈絲和真空燈泡在英國取得白熾燈專利（一八七八年），但穩定度欠佳，操作困難，甚耗電力。

愛迪生尋找燈絲材料的過程，如前述「吻青蛙找王子」，每種材料都要實驗好幾次，可惜都沒成功，找到白金堪用，卻不符經濟效益，他也曾想到鎢，卻受限技術無法取得；不過，從上千次失敗的實驗，愛迪生得知燈泡真空，可延長發光時間，可見愛迪生的知識，往往通過無數次失敗實驗累積而來。

一籌莫展之際，愛迪生趴在桌前沉思，習慣性地又用左手抓頭髮、用右手指輕敲桌面，眼光不經意瞥見桌角的焦油碳粒（送話器材料），偶發力再次發作，立即喚助手做出碳絲，一次又一次實驗，似乎有了眉目，他知道他找對方向了。

接著，不知哪來靈感，又找來棉線碳化，做成髮夾狀，封入真空燈泡內，光這個過程就做了三天；到了測試那一刻，愛迪生按下開關，啟動電流，竟然沒像過去一樣一閃即滅，時間一秒一秒過去，五分鐘，十分鐘，一小時又一小時，電燈仍然亮著。

我們可以想像那一幕，所有人圍著燈泡計時，直到十三個小時半爆滅，但在媒體報導中卻成了「四十小時的守靈」。整個過程充滿了故事力，讓讀者置身在愛迪生散發的光芒中。

這一天，一八七九年十月二十一日，後來被定為「電燈紀念日」。

之2——電燈泡的世紀陰謀

一八七九年除夕夜，許多人搭火車湧入門羅帕克，想親眼目睹「未來之光」，也想認識「現代普羅米修斯」。

之前《紐約先鋒報》才在愛迪生操作下，搶先報導了碳化棉線燈絲電燈的成功，並以感性文字描述找燈絲材料奮鬥了十四個月的故事，還預告了除夕燈會，要用電燈照亮實驗室內外。

現代普羅米修斯終於為人類帶來未來之光，也為投資電燈事業的股東帶來暴利——愛迪生電燈公司股票從每股一百美元暴漲為三千五百美元，但煤氣燈公司卻跌慘了。典型的「破壞性創新」。然而，人類往往仰賴破壞性創新，破壞恆常穩定的狀態，世界才得以持續進步。企業的成長亦然。

所以，企業為了永續生存，有必要不時創造「變化」——類似諾貝爾經濟學獎得主賽勒提出的「輕推」（Nudge）方式——讓自己不得安穩，總比突然面對外來的變化措手不及來得好。職場的生存之道，不也是這樣嗎？

一八八〇年一月二十七日，愛迪生以「將一根棉線適當碳化，封入百萬分之一真空玻璃球中，通過電流，便會產生一百到五百歐姆的電阻，且在高溫中保持極端穩定」之實證，取得專利。此時燈絲已能發光一百七十個小時了。

愛迪生很高興地宣稱「我們要製造便宜的電燈，以後只有有錢人才點得起蠟燭」，無意中預言未來的「感性消費時代」，買東西不再是功能需求，而是情感價值的渴求。就像蠟燭不但沒有被淘汰，反而在人類生活中找到新的用途，如生日、宗教、浪漫場合。這種認知的改變會為自己帶來新的眼光，用「新的眼光」看舊東西，也是一種創新。

申請專利期間，愛迪生持續將各種材料拿來碳化，連助手的鬍子也沒放過，發現硬紙片的碳化纖維更適合燈絲，便用來製作除夕燈會的燈泡。此時碳化紙燈絲已有三百小時壽命，但他認為要達到六百小時以上才有實用價值，這個尋找又讓他再次陷於泥沼，直到有天拿竹扇搧涼，靈光一閃——又是「偶發力」和「故事力」的結合，立即叫助手把竹條碳化，發現碳化竹纖維果然比碳化紙纖維更適合做燈絲，瞬間解決了燈絲專利問題，至此已實驗了六千種物質，光是筆記就多達兩百本、四萬頁。此時燈泡已可發光一千兩百小時。

順帶一提。愛迪生可能沒料到，他努力延長燈泡壽命，卻成了製造商的夢魘。

到了一九二四年，燈泡壽命已長達兩千五百小時，意味著燈泡需求愈來愈少，幾個主要廠商如奇異、歐司朗、飛利浦便於當年聖誕節前成立「太陽神聯盟」，將燈泡壽命限制在一千小時以內，此即近代商品「計畫性汰舊」之濫觴。翌年，擴大聯合其他廠商成立了一個「一千小時壽命委員會」，宣稱燈泡使用過久會降低效能，浪費電力，且辯稱計畫性汰舊有助於創造就業。

影響所及，各行各業紛紛設計在一定時間內會自動暴斃的「垃圾商品」，造成地球資源的過度消耗與環境的過度負載。普立茲獎得主亞瑟．米勒同名小說電影《推銷員之死》有句對白就是在諷刺加速時代的商品概念：「付完貸款時，車子也差不多要報銷了，冰箱發狂似地消耗皮帶，他們都替那些東西計時了，都算好時間了，等你最後付清時，這玩意也壞了……」

二〇一〇年有一部紀錄片《電燈泡的陰謀》（The Light Bulb Conspiracy）揭露此事，對業者已經沒有什麼影響了，此時電燈泡漸被LED燈取代，各大廠也紛紛拋售電燈泡事業，但此片真正目的不在揭露，而是喚醒大家正視遍及各行業的計畫性汰舊，病態性的消費機制，用後即丟的生活方式，對地球造成的環境浩劫，更重要的，倡導資源再利用的循環經濟。公視曾在二〇一二年播出此片，引起極大迴響。

接下來，為了實踐電燈普及化夢想，現代普羅米修斯決定前往紐約市中心建立中央發電廠，散播未來之光。愛迪生心裡有數，如果不能市場化，電燈又是另一個科學玩具，就像先前的留聲機。

一八八一年夏天，愛迪生在紐約第五大道設立辦公室，開辦電燈事業，可是他沒料到這一去竟是與門羅帕克的永別——一八八四年八月，不到三十歲的瑪莉因傷寒病逝於家中。

電力發展時期

紐　約
New York

南斯拉夫國王（右 2）來「紐約人旅館」拜訪特斯拉（中）。

百萬富翁發明家的悲歌

之1——不是「走讀」，而是「經歷」傳記

此行讓我想起多年前一次錯失良機——就在「星空聯盟」委託我擔當「環球飛行代言人」（A Delegate Around World）環航世界一圈半（這麼艱辛的工作總得有人來做）之後，有位企業主竟欲委託我帶他的獨子環遊世界長見識，因我離不開工作婉拒了，現在回想頗可惜，倘若接受了，可能是人生的大轉彎，或可將委託旅行轉變成一種商業模式：幫人設計、完成夢想的旅行，類似今日旅遊諮詢網站TRVL之操作（聘請在地達人，幫顧客規劃旅程）；或進一步「代理旅行」，去

某個地方、看某種景象、吃某樣東西，甚至尋回昔日旅蹤、探視掛念的人或往生者，彌補人生遺憾——這可不是異想天開啊，或許我應該掛牌「委託旅行Co.」。

委託旅行者不同於導遊，不是將人帶到幾個景點拍些照片就算完成任務，而是一項「圓夢」計畫，就像追尋愛迪生不只是通過傳記造訪出生地、故居、實驗室，看看發明物，還要對那個時代的時空背景有一個理解，才能重蹈愛迪生當年處境和心境，這已不只是「走讀」，而是「經歷」傳記了，其中自有不少摸索、探覓和想像——比如體會二十二歲的流浪電報員，從波士頓搭船到紐約，從哈德遜河港上岸，飢餓難耐又身無分文，不得不厚著臉皮跟正在進貨的茶商乞討一杯茶當早餐……

四月的紐約仍相當冰冷，我們從地鐵站冒出來，頂著淒風苦雨，走向砲台公園（Battery Park）眺望哈德遜河口，懷想一八六九年的青年發明家初履紐約的窘境；不過，那時候自由女神像尚未興建（一八八六年），愛麗絲島也尚未成為移民站（一八九二年至一九五四年），他遇見的是柯林頓堡（一八五五年至一八九〇年間的移民站）——估計有八百萬移民由此入境，包括一八八四年抵達的塞爾維亞裔天才工程師特斯拉，任誰都沒料到，這位初生之犢日後將與愛迪生對決，掀起一場驚天動地的「電流戰爭」。

公園內有座「The Immigrants」移民群像雕塑，凝結他們入境那一刻的各種表情和姿態，名為「美國夢」也契合吧。更早幾代的移民，像是愛迪生的祖先，在英國殖民時期從荷蘭移民新大陸，因祖父支持英方被放逐加拿大，父親這一代卻反英王逃回美國，算起來愛迪生已是第四代移民了，卻窮到一無所有，但他沒在怕，他有一技在身：修理電報機和發電報。

回顧特斯拉那個移民潮時期，各族裔人才播遷紐約，再搭驛馬車與鐵路進入內陸，促進了美國的城市化，繼之而來的鐵道網、電報網、電話網、電力網以及金融網帶來的工業化，奠定美國迅速致富的基礎，造就了好幾位富可敵國的產業大亨，例如鋼鐵大王、石油大王、鐵路大王、汽車大王、金融大亨等，皆是十九世紀下半葉形成的，說他們是「讓美國偉大」的人物也不為過。

接著，我們像愛迪生一樣晃到布羅德街。愛迪生在好心朋友幫忙下，借宿在此街一家提供黃金交易行情、每日有數百萬美元滾動的黃金行市報價公司地下室電池間，還兜借了一美元，當晚便至一家點煤氣燈的史密斯與麥內爾（Smith &

McNell's）餐館，花五美分買蘋果派和咖啡充飢，日後回想，直說是「此生吃過最美味的食物」，愛迪生終其一生嗜吃蘋果派便不難理解了。

第三天，機會來了——報價機突然當機，造成三百多家連線客戶無法得知行情，技術員束手無策，雞飛狗跳之際，恰巧出現的愛迪生沒幾下子就修好了，當下立即受聘為總技師。任誰都難以想像兩天前還靠著借錢度日的窮光蛋，現在卻月領三百美元。

就在愛迪生初抵紐約那年九月二十四日，發生了美國經濟史上惡名昭彰的「黑色星期五」，黃金在一天內暴漲又暴跌，連報價機都跟不上變動速度，股市癱瘓。

在此交代一下時空背景。其時美國穀物外銷以黃金計價，如此一來黃金和美元的匯率波動變得有機可乘，黃金價格上漲則有利於出口商，若下跌則會帶來損失，故出口商習慣性賣空來對沖黃金下跌的風險，但投機者則以做多來對賭——尤以鐵路巨頭古爾德一夥最膽大包天，不僅壟斷炒作，還收買府院高層，激怒了格蘭特總統，便拋售黃金儲備壓制金價，造成股市暴跌。此即「黑色星期五」由來。可見商業力無孔不入，卻鬥不過政治力，所以政商勾結有了存在價值。

這個事件讓愛迪生意外上了一課股市學：掌握資訊就是掌握財富。不難想像，股票市場為什麼一直有內線交易存在，就是因為「資訊不對稱」，擁有資訊優勢的一方，往往先一步抵達市場炒作套利或避險。

不過，愛迪生對金融遊戲無動於衷，持續專注於報價機的改良，讓公司得以與當時最強大的電報公司西聯抗衡，終被併購，他趁機前往紐瓦克創業。

當愛迪生在一八八一年夏天重返紐約，已是壯志酬籌的成功發明家，他將電燈事業總部設於富裕的第五大道一棟四層樓宅邸，安裝了發電機和電燈，在夜間燈火通明作為展示。

此位置鄰近豪宅區和商業區，對電燈事業發展極有利，果不其然，報業大亨班尼特（紐約《先鋒報》老闆）、電報大亨格林（西聯老闆）、鐵路大亨范德比爾特、金融大亨摩根相繼到訪，摩根率先在其麥迪遜大道豪宅裝設獨立發電系統，成為紐約第一座擁有白熾燈的私人宅邸。

摩根豪宅即今「摩根圖書館與博物館」，收藏甚多古籍、名人手稿、畫作，如伽利略手繪設計圖、貝多芬與莫札特手寫樂譜等，我去時恰逢策展「林布蘭特第一件傑作」，展出荷蘭畫家林布蘭特在一六二九年完成的《聖經》故事〈猶大退還三十枚銀幣〉及其二十多張手稿，觀者莫不動容。舊題材通過新眼光、新詮釋呈現，往往就是一種創新——例如Uber和Airbnb便是對舊需求有了不同的理解，才能透過媒介平台與大數據演算法發展出一種新的經營模式。

之2——偉大的開創者，卻是無現款的窮光蛋

回溯一八七八年愛迪生開始研究電燈，為了資金需求，成立了三十萬美元資本（三千股）的「愛迪生電燈公司」（Edison Electric Light Co.），主要投資來自金融界，如摩根、范德比爾特等人預約了五百股（五萬美元），另兩千五百股是愛迪生的技術股，換取電燈相關專利。

這個投資具有劃時代意義，不是買現有的專利或發明，而是投資未來的電力和電燈「願景」，可謂最早的創投案例。如果成功，便能賺到鉅富，改變世界，但後者才是愛迪生想要的投資回報，他自謂：「我不在乎賺取個人財富，我的興趣是跑在別人前面。」可見金錢對愛迪生的意義就像汽油，不是用來儲存，而是用來幫助他前往目的地，做自己想要做的發明，就像我賺錢是為了將存款變成回憶，將回憶存在世界各地。

白熾電燈泡雖然成功問世了，若要市場化，還需建構相關的電力系統支撐，如發電機、輸電管線、電表、燈座、插頭、開關、保險絲……但股東們對電力事業心存疑慮，不願意再投資，只想以授權方式經營，收取權利金，逼得愛迪生只好自掏腰包投資，比如設立燈泡工廠，以每只〇・四美元售給愛迪生電燈公司（再以零售價一美元賣出），起初成本高達二・一美元，第四年降到〇・三七美元才有利可圖，最終降到〇・二美元。

值得注意的，愛迪生為了籌措資金，不是賣股票就是讓渡照明相關專利權，等到一八八二年位於珍珠街（Pearl St.）中央電廠完工，愛迪生電燈公司資本額已擴增三倍，不知不覺失去了公司的控制權。事實上，愛迪生的股權在一八八九年只剩下百分之十，到了一八九二年已全數出清。這個結果導致愛迪生後來一直想當個企業家，他曾寫信給朋友「我想對所有發明工作請一個長假」，對於媒體稱他是「百萬富翁發明家」自嘲是「擁有一大堆機械卻無現款的窮光蛋」。據估計，到中央電廠啟用那天（一八八二年九月四日），開辦一年多，總計花費了六十萬美元，埋下未來失去經營權的導火線。

「想當企業家」固然是許多職人的夢想，但這個世界企業家已經太多了，社會真正需要的是職人。

但不必替愛迪生難過，對一位偉大的開創者，還有更多的人生故事等著他去創造。

李伯大夢，從珍珠街到華爾街

之1——挖掘珍珠街

想到紐約曼哈頓和台南安平（大員）在十七世紀皆同掛荷蘭旗，前者建有新阿姆斯特丹城，後者建有熱蘭遮城，便覺有趣，至今兩地的荷蘭市街猶可考，譬似安平有大街（Main St.，今民權路）、寬街（Broadway，今延平街）、新街（今效忠街）、北街（今中興街）等，曼哈頓亦有寬街、華爾街（Wall St.，柵欄之意）、以及此行甚具重大意義的珍珠街——源自荷蘭語，可能以前臨海，採集蠔貝後便以蠔殼填路。

但倘若問「那裡有什麼好看的」，我只能訥訥地說：「那裡有一家小酒館，據說是華盛頓將軍總部。」我指的是弗朗薩斯酒館／博物館（Fraunces Tavern Museum），建於一七一九年的三層磚造物，一樓是賣漢堡燒烤的美式餐廳，二、三樓為博物館，二樓Long Room據云是歷史現場——一七八三年英軍敗戰，在長屋與美方談判撤軍；華盛頓將此樓權充總司令部，在此向麾下告別，解甲返老家維農山（Mount Vernon）務農，直至一七八九年被選為總統復出，做了兩任就拒絕再任，毅然還鄉，立下民主典範。

倘若不是帶著挖掘歷史的精神和一些想像力，珍珠街無疑有紐約最平凡單調的街景，但一挖下去，故事又一個個鏟出來……

《白鯨記》作者梅爾維爾在此街六號出生（房子早就不見了），不知故意或巧合，星巴克在斜對面街角開店，似乎想暗示書中的捕鯨船大副斯達巴克（Starbuck）是個「喜歡喝咖啡的人」（早期廣告宣傳），但「梅爾維爾研究協會」不以為然，宣稱大副斯達巴克根本不喝咖啡。

然而，愛迪生迷嚮往的是，一八八二年在此街設立的中央發電廠，安裝了六部重達二十七噸的「大象」發電機——啟動時就像大象跺腳。輸電範圍大約是金融區附近一平方英里區域，顯然因直流電系統無法遠送所致。

為了安全考量，愛迪生將輸配電管線改走地下化至各街區，而不是便宜行事的電報線桿或屋頂拉線，此舉無疑增加挑戰和經費，還要發明、製造過去未曾有過的電力輸送裝置，例如絕緣材料——任誰也沒把握高壓電在地下流竄會發生什麼狀況。果不其然，初期的電路接線盒屢屢發生漏電傷人情況。

咀嚼著這段發電史，從荷蘭殖民時代經過一七七六獨立戰爭時代，再進入愛迪生時代，乃至現在高樓夾道，走在真實與虛幻交接的模糊地帶，彷彿一場又一場的〈李伯大夢〉（Rip Van Winkle）——這篇寓言式小說將場景設定在美國獨立戰爭前後的紐約哈德遜河谷，暫且不論作者歐文（Washington Irving）意圖透過李伯這個沉睡二十年以致「晚於時代的人」（Times-later，指英國殖民時代）看到的新時代亂象來批判社會黑暗面，如果說「二十年」便足以人事已非，以今日「摩爾定律」（非科學法則，而是一種產業經驗）之科技進步速度審視，不要說幾個月，連科技變化都會帶來滄海桑田之感，人人都會經歷「李伯大夢」。嗯，說不定愛迪生也讀過此書。

資料顯示電廠位於二五五和二五七號，但我從谷歌街景圖中早已鳥瞰到一片空地，可是我堅持要到現場徘徊，捕捉昔日氛圍——或許愛迪生的幽魂魅影三不五時也會上那兒流連，畢竟珍珠街發電廠是電燈普及化的起點。果然，按址找到的是一處停車場，地址或許重整過，也有可能某棟大樓覆蓋其上了。

之2——曼哈頓拜天公的糖塔

轉往華爾街。

途經川普大廈（據報川普在一九九五年以一千萬美元購入），腦袋裡竟浮現機上電影《華爾街之狼》以及更早些年《華爾街》、《華爾街：金錢萬歲》中爾虞我詐的情節。絕無影射意圖，總之證券市場就是「資訊不對稱」的場域，或以「高頻交易」剝削投資大眾。

真正的華爾街，絕對比媒體和電影上看到的還要無法無天，引爆金融海嘯的二〇〇七年「次貸危機」又再次證明。難怪愛迪生一九一二年寫給好友汽車大王福特信中會有所感嘆：「我在華爾街的經驗，就像蕭邦《送葬進行曲》一樣悲哀，我絕對不再與華爾街打交道。」

川普大廈原名「華爾街四十號」，在一九三〇年落成時曾是世界最高樓（兩百八十三公尺），旋即被克萊斯勒大廈（三百一十九公尺）超越，翌年又被帝國大廈（三百八十公尺）拋在後面——這種巴別塔式的競高讓曼哈頓成為全球摩天樓最密集之地，或許寸土寸金不得不爾，相形之下，街道顯得更山谷化，然令人驚訝的是，陽光仍可普照街道，公共空間也出奇的多，顯然隱藏著什麼法規[1]被遵循著。

順帶一提，一九二八年三月，霧峰世家林獻堂偕子林猶龍搭船環遊世界，船抵紐約「遙望市中高樓，其狀宛如棹上陳列許多之糖塔」，哈，這是我讀過最有趣的天際線比喻，摩天樓群看起來就像拜天公的糖塔。

我們如此走逛，看似履行觀光客的義務，其實是想體會愛迪生的心思——在美國最具影響力的金融區呈現未來之光，讓財閥看到電燈事業的未來榮景而支持，實現電燈普及化的大夢。

在愛迪生眼中，那些財閥如同「華爾街之狼」，實際上，電燈公司股東並不想花大錢去做電廠和輸電照明系統，連燈泡也不想製造，他們只想用授權方式收取權利金，逼得愛迪生只好自己投資所有電力設備的製造，例如製造發電機的「愛迪生機械廠」，位於東河碼頭附近哥雅克街，前身是生產鑄鐵和船用發動機的鐵工廠，然此街已消失，幸好，我有找到一個「被遺忘的紐約」（Forgotten New York）網站，有篇文章討論到下東城消失的街道生活，其一就是龍蛇雜處的哥雅克街，二十世紀初經過都更就不見了，推敲在今格蘭街和東三街之間的一大片住宅區。恃才傲物的電氣天才特斯拉初履紐約投效愛迪生，即被安置在此間工廠工作。

該廠在一八八七年便遷往紐約州斯克內克塔迪，兩年後經由大股東銀行家摩根運作，將愛迪生旗下各個照明相關工廠合併，稱為「愛迪生通用電氣公司」；在一八九二年又與「湯瑪斯—休士頓電氣公司」合併，抹除愛迪生名字，統稱「通用電氣」（簡稱「奇異」）——當時報紙以斗大標題「愛迪生被華爾街攆走」報導此事，讓愛迪生受到很大羞辱，可惜愛迪生未能如賈伯斯戲劇性地班師回朝。

之3——記憶場域提供了紐約想像

為了實現電力系統的夢想，愛迪生不得不出售股票籌款，幾個大股東也被愛迪生說服，再度集資一百萬美元設立「愛迪生電力照明公司」——今提供紐約電力、蒸汽和天然氣能源的「聯合愛迪生公司」（con Edison）前身，位於紐約大學斜對面，Landmark牌匾標示它曾是紐約煤氣燈公司、歌劇院、音樂學院遺址，在一九一四年改建為今二十四層樓高、樓頂安置鐵燈籠的樣貌。

從紐約散布各處的Landmark，可想見市府（或說美國）頗重視「記憶的場域」；以追尋愛迪生為例，幸有這些標示，我們才能追尋，即便遺址早已覆蓋，後世仍有所本懷想那個場域保存的某段記憶和歷史，譬如梅爾維爾創作《水手比利・巴德》（*Billy Budd, Sailor*）之處（東二十六街一百零四號），房子早就不見了，只能掛牌匾作為紀念。

有關紐約的城市學著作，隨時有上百萬個故事發生（包括網路），讀不勝讀，但任憑弱水三千，我偏愛作家張北海寫的紐約，透過他的文字讓我與紐約有了親密關係，許多「紐約想像」成為我的追尋，就像河邊公園「格蘭特將軍國家紀念堂」後面有一棵極不尋常的「李鴻章樹」，說是他在一八九六年（光緒二十二年）所植銀杏，實則是駐美公使奉他之命在翌年紀念堂完工後才植，並立字碑悼念[2]——因為瞻仰了這棵樹，致使我的紐約行有點孤僻而沾沾自喜。

以「將軍」之名紀念前總統格蘭特，顯見他的功績在於南北戰爭，避免了國家分裂，更重要的是，他以禮相待南軍，迅速彌補了國家的傷口——或可為後世、為台灣政爭、為海峽兩岸、為任何分裂型態之借鏡。

凡盡職的觀光客都會沿著華爾街走，沒多久便會來到與布羅德街交會的「金三角」：三棟名廈鼎立。其一是，一七八九年華盛頓宣誓成為美國第一任總統的「聯邦國家紀念堂」；其二是，六根科林斯柱撐起的金融神廟「紐約證交所」。

不知何故，突然想到前證交所主席葛拉索（Richard Grasso）案，二〇〇三年九月被發現坐領一千兩百萬美元年薪和百萬美元紅利，接著又圖謀提前領取退休金一億三千九百五十萬美元，導致群情激憤；他的離職證明了一件事，證交所沒有他也不會倒閉，這個「搖鈴開市」的職位不值那麼多薪水。他唯一令人印象深刻的是，在九一一事件翌日搖鈴開市。

第三棟建物，曾是摩根大通總部的「摩根大廈」，一九一四年落成時已由兒子小摩根掌位，與愛迪生打交道的老摩根剛在前一年過世，出殯那天紐約證交所停業半天以示敬意，感念他以金融影響力確保了美國工業的欣欣向榮，例如「整合」鋼鐵業、催生了世界最大的美國鋼鐵公司。

所謂整合，即托拉斯，透過業內兼併、託管、控股等等形式來達到企業一體化的壟斷形式，美國當時的幾個托拉斯，包括鐵路、海運、鋼鐵等，都是老摩根的創舉，起初是一種善意——為了避免同業間惡性競爭削價，造成產業崩潰，引發貸款的金融體系跟著崩潰。首例便是將上百家鐵路公司整合，構成當時的「互聯網」。故說摩根財團的歷史也是華爾街百年風雲的縮影。

最後不免也晃到「華爾街金牛」雕像，但我不是為了摸它而來，而是按張北海指示去觸摸後面那座毫不起眼的「保齡球草地公園」的生鏽鐵欄杆，「記住，你是在摸歷史」，言者諄諄，這裡曾是英王喬治三世騎馬雕像所在，就在華盛頓宣讀獨立宣言後沒幾天，雕像就被拉下來熔製火槍彈丸，只餘鐵欄杆倖存……

像這樣追溯「消逝的風景」，往往是旅人使一座城市變得更有意義的方式。

注

1 一九一六法案，規定高空建築的面積不能超過地面面積的四分之一，故樓層愈高愈窄尖，如此陽光便可斜射到街道了，但意外地讓曼哈頓摩天樓形成另一種尖塔景觀。一九六一法案，規定建築若能讓出更多公共空間，就得以獎勵四分之一的建築面積，影響所及，曼哈頓因此多了許多公共廣場，如草坪花園、噴水池、藝術裝置、休息座椅區等。

2 一八七九年，格蘭特曾以卸任總統身分訪華，與李鴻章結交，受託往日本調解中日的琉球群島糾紛。

追尋愛迪生

電力發展時期：紐約之3

策略大師的「特洛伊木馬」

從接受「委託旅行」那一刻起，我便開始關注愛迪生有關的線索，也常常在想，他到底是怎樣的一個發明家？竟能突破當時煤氣燈業者、官僚和民眾的制約，在紐約闖出一片天，將電力送到各個家庭，以電燈取代煤油燈、煤氣燈，開啟了家家有電的電氣時代，此項任務或可比擬希臘神話的「赫丘力士十二項功業」。

之1——當創新者遇上機構制約

政大教授蕭瑞麟曾在《思考的脈絡》一書中對上述制約有很精彩的論述；加州

大學教授哈格登（Andrew Hargadon）論文〈當創新者遇上機構〉也曾剖析愛迪生如何面臨各種「機構的制約」——不僅來自社會大眾對電力認知不足，也來自既得利益者煤氣燈業者無所不用其極的毀謗，例如利用漏電致死事件抨擊電力為「殺人工具」，讓市民產生疑慮、恐慌。

更具威脅的說法是，電燈取代煤氣燈後，會造成燈罩清潔工人失業，引起議員杯葛、阻礙，畢竟「電燈不像清潔工人有選舉權」——以此邏輯審視台灣政客的選票思考，便很難冀望有什麼大破大立之舉，短視近利本來就是政客特色，與財團關係密切再自然不過。

又地下電纜的埋設，煤氣燈業者透過議會立法，排除電燈業者的道路挖掘權，沒想到愛迪生將計就計，另成立一家煤氣燈公司申請挖掘執照，因為法律並未規定不能埋電纜啊。

但官僚也不是省油的燈，要求高得不合理的鋪設費用，每英里一千美元外加百分之三營業稅，刁難愛迪生，幸賴大股東摩根出面斡旋才調降。

由此可見，當改變力量（創新）遇上穩定力量（機構），根據牛頓定律的慣性作用，不見得會往前推動，反而會產生反作用力。這也是我多年職涯體會，說不定在各位的辦公室，也常發生類似的機構制約。

終於來到最緊張的時刻了。

一八八二年九月四日下午三時，愛迪生一聲令下，開啟了世界第一個電力傳輸系統，點燃了五十八家用戶的四百盞電燈，包括當時位於公園街《紐約時報》大樓的五十二盞電燈，隔天該報給予極佳評價，說整棟大樓如果有三、四百個電燈就能如同白晝。

當我調閱此文檔案，不禁好奇，日後報紙截稿都在半夜，是否受電燈影響？

但比起一八七九年除夕燈會三千多人湧入門羅帕克觀賞未來的光，五十八家用戶超乎預期的少，可見紐約人還在觀望，完全沒感覺到國家社會正從蒸汽時代悄悄進入電氣時代了。

即使到了一八八四年，珍珠街電廠也才招收到五百多個用戶，但已有十二座城市設立電廠了。愛迪生做的生意大多是幫豪宅和企業體安裝獨立發電系統，例如波士頓劇院、船舶、旅館等；但兩年後，電廠已迅速散布至五十八座城市——包括底特律，未來的汽車大王福特也在那裡當技術員，還出口到歐洲、南美和日本各大城。

順帶一提，此時的獨立發電系統，極可能是我讀成大時、電機系那台鎮校之寶——一八八〇年出廠的愛迪生發電機，該機利用電磁原理，以外力驅使線圈在馬蹄形磁鐵之兩極間轉動，將機械轉變為電能。印象中，電機系有堂電力實習課，第一堂課就是去接觸一百一十伏特電壓，體驗「觸電的感覺」，但同學其實更渴望的愛情觸電卻因男女比例懸殊（當時文學院只有中文、外文、歷史三系）苦無機會。

這裡不禁要問，大家引頸企盼的電燈發明了，為什麼不安裝呢？燈泡每個要價一美元，太貴了？也不盡然，以燈泡的使用時數而言，比煤氣燈還便宜。

之2——「策略大師」以韌性對抗機構制約

愛迪生也想找出答案，有空就出去拜訪安裝戶，進行脈絡訪查（Contextual Inquiry），了解用戶情境。例如有個人就抱怨「好是好，可惜不能點菸」，愛迪生悶不吭聲回去後就叫人送去打火機，可見他相當在意用戶體驗。只不過這項新科技遠遠超過人們的認知，對電力存有疑慮和恐懼感，期間還不時有漏電、火警傳出，造成恐慌。

為了能順利取代大眾家中的煤氣燈，愛迪生想了一招，沿用原有的煤氣燈配線方式，也設計了一個類似煤氣表的電表，給予六個月免費試用，讓他們明白電力和電燈的價值——聽起來疑似「木馬屠城記」，愛迪生利用電氣版「特洛伊木馬」（電表）攻入紐約人家中，可笑的是，此時愛迪生尚未研究出電價如何計算，電表根本是虛有其表，沒在運作。但這種跟消費者打交道的方式——以補貼方式先行建造行為和經驗，在日後電子商務和共享經濟的競爭中卻常出現，例如運費補貼。

此外，為了化解大眾對電力的疑慮——消費者「痛點」，愛迪生也在曼哈頓第五大道舉辦「電燈大遊行」，由藏在衣袖中的電線牽引著行列中的發電機，讓上百人戴著燈泡帽、揮舞著一明一滅的燈棒——現代演唱會的歌迷手燈是否來自這個靈感不得而知，但市區某個雜耍劇院老闆卻突發奇想，邀請愛迪生為劇院裝設獨立發電系統的電燈，還在舞團身上如法炮製，編成燈舞秀，轟動一時。愛迪生就這樣想盡辦法推廣「電力沒什麼可怕」觀念，直至一八八五年後，電燈事業才開始欣欣向榮。

哈格登將上述愛迪生對抗機構制約的智慧，稱為「柔韌設計」（Robust Design），簡言之，就是以柔克剛的策略回應，不硬碰，而是用一種充滿決心和彈性的韌性來因應，所以，蕭瑞麟認為愛迪生「**不只是一位技術創新者，更是一位策略大師**」。

這股電燈風潮也點燃了歐洲的熱情，倫敦、巴黎、米蘭、柏林等地相繼設立了中央發電廠，有一說台北城早在一八八八年（光緒十四年）劉銘傳主政下開辦了電燈事業，實是一八八二年於上海租界開辦的電弧燈，皆不是愛迪生白熾燈；白熾燈在上海啟用要等到一八九八年除夕向英商怡和洋行租借蒸汽發電機才算正式亮燈。

走筆至此，不勝唏噓，從古希臘記載琥珀（希臘文Elektron）摩擦可吸附東西，到十六世紀末英王室御醫吉爾伯特（William Gilbert，電磁單位Gb即紀念其貢獻）證實電的存在（即Electricity），再至一八三一年法拉第找到電流、製造發電機以來，還要經過五十多年的知識累積，愛迪生才真正馴服了電力為人類所用，三十八歲「門羅帕克巫師」再度成為媒體口中的「電氣天才」了。從電燈到電力普及化的過程，或可體認到任何發明都很難單獨存在，還要有一整個系統去支撐它，才能起到真正的作用。

電燈啟動了電氣時代，讓電力普及化，才是愛迪生真正偉大之處，不僅帶動了工業發展，更促發各式各樣的應用發明，比如家用電器的出現，解放了婦女的家務時間，生活型態因而改變，間接促發了女權運動和社會改革。

本以為在聯合愛迪生企業總部大樓可以參訪他們附設的「能源博物館」，從其模型追憶當年的珍珠街電廠，以及紐約地下電纜、瓦斯、蒸汽、水管、電話線、下水道等系統的模擬運作，但大樓警衛渾然不知有此間博物館存在，不得其門而入，看來網路說關門是真的了。這是紐約行最大遺憾。

追尋愛迪生

電力發展時期：紐約之4

電流大戰

當我在市中心晃蕩時，無意中撞見第六大道和西四十街交叉口的路牌柱上竟懸著「特斯拉角落」（Nikola Tesla Street Corner）標示牌，便至一旁的布萊恩特公園（Bryant Park）咖啡座探詢緣由，侍者茫然無解，幸好隔桌有老紐約耳尖聽到了，回答了我的好奇。

原來電氣奇才特斯拉晚年借住十五分鐘步程外的「紐約人旅館」（New Yorker, A Wyndham Hotel）三三二七房，每天都會散步至此餵食鴿子，聲稱與其中一隻談戀愛，故後人以某種美式幽默來紀念他，頗能呈現社會殘酷現實的一面：晚年貧困，身後聲譽鵲起。

實際上，特斯拉與此地有緊密地緣關係：一八九五年取得無線電專利的實驗室就在附近的Gerlach Hotel（今無線電波大樓Radio Wave Building）；一九〇〇年為了發展越洋無線電通訊設立的實驗室在公園斜對面；一九一七年獲頒ＩＥＥＥ「愛迪生獎」的工程師俱樂部（The Engineers Club）也在對街。

遺憾的是，跨大西洋的無線電通訊在一九〇一年被義裔工程師馬可尼搶先實驗成功，以致失去銀行家摩根金援而陷入財務危機；雪上加霜的是，專利局撤銷了他的無線電專利，給了馬可尼，讓他備受打擊。此官司拖至一九四三年他去世半年，才由最高法院裁定「無線電發明人是特斯拉」，又有什麼意義呢？讓無線電普及化的人可是馬可尼。

擁有交流電專利的特斯拉本應大富大貴，可造化弄人，晚景孑然潦倒，相較於「電流大戰」中落敗的愛迪生和榮獲一九一一年諾貝爾物理獎的馬可尼，境遇堪稱天壤之別，一九四三年一月七日以八十六高齡被人遺忘般地「孤獨死」於旅館房間，兩天後才被發現，ＦＢＩ立即搬走所有文件封存檢視。身後僅有位同鄉在廣播中以小提琴演奏塞爾維亞軍歌〈在那遙遠的地方〉悼念他（寫此文同時我也聆聽此首歌曲）。幸好在聖約翰教堂的追思會，有兩千多名仰慕者湧來，備極哀榮，隨即移葬紐約阿得斯里鎮（Ardsley）芬克里夫墓園（Ferncliff Cemetery）。類似特斯拉餵鴿之舉，或可視為一位失意天才用虛構記憶去對抗現實克服沮喪的一種儀式。

就像楚門・卡波提的小說《第凡內早餐》描述女主荷莉有一個早餐儀式，當生活受挫時，就會一大早穿戴墨鏡和黑色晚禮服到第五大道珠寶名店第凡內櫥窗前，吃丹麥捲喝咖啡，注視鑽石——就在那一刻，荷莉透過物件的假借，取得進入上流社會的幻想。而書中夢想成為暢銷作家的敘事者「我」，則透過荷莉感受到自己的失落感。

無論如何，第凡內成為紐約最有名的「早餐店」。但我在大學看過改編的電影後，飾演荷莉的奧黛麗赫本坐在紅磚公寓窗台自彈自唱〈月河〉（Moon River）那一幕，讓紐約不再是一座城市，而是我的一個夢。

一八八二年九月，愛迪生的珍珠街電廠以六座巨型「直流電」發電機的九百匹馬力和一百一十伏特電流提供照明，開啟了人類的電氣時代，但發電廠僅能覆蓋一平方英里範圍，再遠些就無法得到足夠的電流發出強光，加上輸電過程還會損耗電能，只好廣設發電廠形成供電網，故成本高昂，不易推廣，只能集中在少數都會區。

兩年後，製造發電機的「愛迪生機械廠」來了一位塞爾維亞裔移民特斯拉，以其數學分析和實驗，提出「交流電」理論，可惜不獲愛迪生重視，據云還遭斥責「研究交流電只是浪費時間，沒人會去使用它，永遠都不會」，憤而離去。後來得到威斯汀豪斯支持，發明了高功率高頻率的「多相感應交流馬達」，接著又發明了一種能產生超高電壓的「特斯拉線圈」，西屋電氣（據云大同馬達即由其技術轉移才奠定發展基礎）據此發展的交流輸電系統遂廣為布建，與愛迪生的競爭愈趨白熱化。

此時，愛迪生不知哪來的點子，竟以「交流電有致命危險」攻擊對方，先是電死流浪貓狗做實驗，接著又實驗大象（因攻擊飼主致死被判死刑），後來變本加厲改裝西屋交流電馬達設計出一把電椅，提供給紐約州監獄對死刑犯施以電刑，沒料到電了三次才致死，成了一場慘不忍睹的燒焦秀，引起大眾反感。然而，有關「交流電有致命危險」的爭議，不幸而言中，六十赫茲的交流電的確比直流電更適合電死人，這個頻率最容易引發心室纖維顫動猝死。

題外話，美國的死刑在之前都以絞刑為主，迄一八八七年電椅問世紐約州才改以電刑，翌年又加上注射死刑，提供死刑犯選擇怎麼死的「美國式自由」。這種選擇的自由在美國從乳臭未乾就開始養成教育，例如選擇哪一種顏色穀類脆片佐牛奶。我從汽車旅店早餐吧觀察到，父母鼓勵小孩表達個人喜好做自己的決定，與華人家庭「父母決定什麼是對小孩最好」的家長式領導大不相同。而為了減輕執刑者心理負擔，電椅安裝了四枚按鈕——不是提供選擇，而是讓四名警衛同時按下，沒人知道是哪枚按鈕通電致死的。美國式的人道主義。

接下來雙方在尼加拉瀑布發電站對決，由西屋取得競標，開啟了日後普及的便宜用電生活，愛迪生電氣從此每況愈下，無法償還貸款，讓大股東摩根頓悟交流電才是未來，在一八九二年與「湯瑪斯休士頓電氣」合併，改稱「奇異」，發展交流電系統，氣走愛迪生，讓愛迪生徹底失去電氣事業，然而在美國人心目中，愛迪生的「發明家」地位從未因此動搖，追根究柢，或因愛迪生是美國夢的象徵吧。

有趣的是，為了表彰威斯汀豪斯與特斯拉的貢獻，美國電氣工程師協會先後在一九一二年與一九一七年頒發他倆「愛迪生獎」，不知特斯拉和愛迪生這兩位死對頭做何感想？

有關電流大戰始末，二〇一七年拍成電影上映。從試映會選在特斯拉冥誕便知此片企圖為他的歷史地位重新定調。事實上早就有人這麼做了，例如磁感應強度的衡量單位T、特斯拉日（七月十日，谷歌搜尋引擎首頁以特斯拉線圈紀念他）、特斯拉汽車、最偉大的百大美國人；此外，塞爾維亞亦發行有他頭像的紙幣，首都機場也以他的名字命名。

實際上，這場電流戰爭是兩敗俱傷，讓世人看到最傑出的兩位發明家暴露出人性陰暗的一面。譬似特斯拉便對愛迪生「努力說」（天才是百分之一的靈感，加上百分之九十九的努力）嗤之以鼻，嘲諷他如果知道一些基本的數學知識，便能省掉百分之九十的力氣。特斯拉有一種把真理狠狠地說出來的直白風格，但這種「知識傲慢」不僅傷害了愛迪生，更傷害了許許多多白手起家「黑手創業者」自尊心。

至此難免萌生疑問：愛迪生為什麼不採用交流電呢？難道看不出交流電的優勢和潛力嗎？

讀歷史最重要的是能「換位思考」，故我私下揣測，其時愛迪生已經投入太多成本了，幾乎是所有家當，包括他更在意的名聲，以致不得不用盡各種手段，比如狀告西屋燈泡侵權，百般阻撓交流電系統的發展，猶如昔日煤氣燈業者制約他，然而，時勢所趨，非人力之所能移也，印證今日商業競爭也是如此。

旅途中回溯上述歷史，不禁有所感觸：你若不能及時顛覆自己，便是由他人來顛覆你。

紐約味道

旅行常見某種弔詭，身子出發了，腦袋還賴在原地不肯離開——滿載著原先的觀念、想法和運作方式，以及放不下的恩怨情仇——彷彿仍在自己的腦袋裡旅行，等於哪裡都沒去；此時，若能吃上一口地方美味，便能立即喚醒腦袋「身在異地」了。

之1——老闆，來一份莎莉特餐

行至紐約，我的反應就像巴甫洛夫之犬（Pavlov's Dog），尤其是與過去某個閱讀經驗、某部電影情節，或是某個敬仰人物有所關聯的飲食，即使那些飲食可能都不存在了，味道改變了，但我仍然想去體驗一下，滿足我想要短暫變成一個紐約客的願望。

此行首要目標是，創於一八八八年以巨無霸煙燻牛肉三明治（Pastrami，裸麥麵包片夾厚切燻牛肉佐芥末醬）和鹽漬牛胸肉三明治（Corned beef）著稱的卡茲熟食店（Katz's Delicatessen）。這是小說家王宣一私訊我到紐約務必要嚐的店家。經營熟食店是東歐猶太移民在紐約維生的方式，本來每個街角都有一家，如今僅存這家老鋪，成了代表性的「紐約味道」之一。

移民就是這樣，身分會重新賦予，思想也會重新塑造，只剩食物還能勉強與家鄉連結。

意外的是，櫃台師傅竟切肉給我試吃，要肥要瘦，口感太硬太油太乾都可直說，不合意，他會換個部位再切，惟鹹度無法調整，鹹到令人頭皮發麻。

有部一九八九上映的電影《當哈利遇上莎莉》，飾演莎莉的梅格．萊恩在餐廳裡模擬性高潮浪叫聲來諷刺男人的虛榮心，便是在店裡借景拍攝。我猶記得莎莉鬼叫後，還得意洋洋地吃了一口高麗菜沙拉（Cole Slaw），看得一旁的老婦人目瞪口呆，立即跟服務生說：「不管她吃什麼，我也要來一份！」是的，我也要來一份「莎莉特餐」（Pastrami + Cole Slaw）。

或許太多人詢問電影場景是哪一桌，店家乾脆在天花板掛一個「WHEN HARRY MET SALLY」旋轉牌，直指下方桌面，俏皮地加注「HOPE YOU HAVE WHAT SHE HAD」，哈哈。

基於對《西雅圖夜未眠》這位「美國甜心」的迷戀，我又尋至《電子情書》場景：拉羅咖啡（Café Lalo）和扎巴超市（Zabar's），皆位於上西城住宅區。前者是她帶著一本書和一朵紅玫瑰與網友湯姆．漢克斯約見面的地方，後者是她買食材的地方，光乳酪就超過五百種，咖啡豆也甚多種類，被譽為「紐約最佳美食雜貨鋪」。

還有，男女主角午餐約會的葛雷木瓜（GRAY'S PAPAYA），其實是熱狗店：德式香腸搭配酸菜，扎實多汁，正如店家宣稱「你吃過最好吃的熱狗」，猶記得《慾望城市》有一幕女主凱莉開完慶功宴後，又去此店買熱狗才有了飽足感。

上述四家店構成我所謂「紐約客美好生活」的一部分。

遺憾的是，愛迪生迷不像我是個饕餮之徒，對美食充滿熱情，即便是愛迪生嗜吃的甜膩蘋果派，我到美國都會吃上幾回，不然美式咖啡很難入口。蘋果派是美式食物的文化標誌，也是感恩節必備，故有As American as apple pie（意指非常美式）的說法。

蘋果派極可能是荷蘭移民在十六、七世紀帶入新大陸，隨著移民漸雜發展出多種口味，故說今日美式蘋果派也沒有什麼標準樣式，家家戶戶都有自己的祖傳食譜。據說二戰期間有訪問美國大兵最懷念家鄉的什麼，答案多是「Mom and Apple Pie」。蘋果派已超越本身的意義了。

之2——奇妙的「錫蘭式際遇」

其實，沿途我也在推敲，愛迪生迷為什麼那麼著迷愛迪生？愛迪生的哪個面向觸動了她內心深處？她心中是否也有一片懷念的「蘋果派」？

凡旅人或有過類似經驗，結伴而行，朝夕相處，往往不經意便說出生命裡最深刻的故事。果不其然，旅途中，愛迪生迷也聊到兒時家境，例如小學畢業窮到沒鞋穿，拍全班照只能赤腳，索性將照片中的腳丫子挖掉……

初中後就業，十九歲在台塑冬山廠當作業員時，發生了「錫蘭式邂逅」——在一場土風舞聯誼中認識了一位C姓大學生，為了鼓勵她繼續升學，竟用零用錢資助她讀補校……姻緣天注定就是這種情節吧。

婚後有天整理桌櫃發現老公的服役日記本，忍不住翻閱，翻到一頁寫著：「肚子好餓好餓，但錢都寄給小J了，沒辦法買花生吃……」不禁潸然淚下，從此推己及人，資助清寒學生至今。

從傳記得知，愛迪生在波士頓的雙重電報機實驗失敗，背了一屁股債，很難再借到錢，便來紐約打天下；在他想像，紐約比波士頓更商業化，「你不用推銷，就有人來買」，有利於發明家的生存。

果然，抵達紐約第三天，一次奇妙的「錫蘭式際遇」，修好了黃金行市公司的報價機，成為月領三百美元的高薪族。但愛迪生仍過得很簡樸，把賺來的錢都用在實驗。例如有人勸他買套新衣服，不要穿得像個流浪漢，他覺得「反正大家也不認識愛迪生」；等到後來出了名，他還是穿工作服，「反正大家都認識我，換不換也沒關係」。

之3 —— 發明家的飲食觀

愛迪生不注重外在，也不注重美食。在《解剖發明家》（*Edison : A Life of Invention*）讀到愛迪生晚年的膳食觀：「長壽的方法在於少吃。我從小就受此影響。當我用完餐依然很餓時，就會被要求離開餐桌。」他說他什麼都吃，但吃得不多，每餐大約四到六盎司。該書也透露了一份他事業有成後的「愛迪生特餐」：一片吐司、一或兩杯牛奶、一湯匙熟麥片、一湯匙菠菜、一條沙丁魚（或一份羊排）、四片比司吉餅乾——據說他曾以實驗方式了解哪些食物、多少分量適合自己的體質，看來傳言有幾分可信度。從一九三〇年後，八十三歲的愛迪生食量變少了，「我每天喝七杯牛奶，每杯三百毫升；每天也會吃一個小橘子，分兩次吃，每次半粒，但我的體重並沒有因此減少……」為了喝鮮奶，愛迪生在住家草坪養了幾頭乳牛，因為他幾乎不喝水，要喝就喝加了薄荷的水。

我曾參觀愛迪生豪宅，無意中獲贈十一頁愛迪生家庭食譜，沒有牛羊禽肉，僅載醋漬干貝、焗烤蟹肉、奶油牡蠣，佐煎魚的荷蘭醬，還有炸丸子、高麗菜沙拉，以及布丁、玉米餅、荷式鬆餅、馬芬、焦糖巧克力和雞尾酒等。

在傳記中也有個意外小發現，愛迪生來紐約推展電燈和電力系統時，常忙到沒時間午餐，到了晚上便至辦公室附近戴爾摩尼克餐廳（Delmonico's）吃他所謂的「深夜午餐」。後來再婚，也在這裡舉辦告別單身宴。成立於一八三七年的戴爾摩尼克，是當時全美最高級餐廳，包括老羅斯福、馬克吐溫、狄更斯、拿破崙三世皆曾是座上客，至今依然是華爾街一帶名店。它有幾道經典名菜，如奶油龍蝦、炭烤肋眼牛排、火烤阿拉斯加（Baked Alaska），有可能愛迪生也吃過。但此行不便讓愛迪生迷破費太多，她不像我是個吃貨。

要等隔年再來紐約，我才有機會吃戴爾摩尼克，但我一派旅人裝扮，不便入座廳堂，只能坐酒吧區，獨自吃下一大塊炭烤肋眼，外皮焦脆，切開卻是粉嫩紅色，好吃極了，滿足我片刻的「華爾街生活」，但我跟其他客人心情上有很大不同，他們在應酬或約會，而我正在旅行，旅行中的食物往往更加美味。

在愛迪生迷期待下，我們也去了時代廣場附近「以愛迪生之名」建立、可容納上千名房客的二十六層樓愛迪生旅館（Hotel Edison）朝聖，從大廳的 Art Deco（裝飾藝術）風格想像昔日榮光。一九三一年開幕時，愛迪生為其開燈剪綵，富麗堂皇的宴會廳還曾作為百老匯戲院，但此次沒有投宿，僅用餐；果然，一點都不意外，符合愛迪生的品味——難吃得要死，這樣才能專注在發明事物上。

但勿訝異，隔年重返紐約，我竟入住愛迪生旅館，真是意外，房間簡陋老舊有異味，也不給換房，懊惱之際，才驚覺自己一直嚮往著一九三〇年代氛圍，怪不得《教父》、《百老匯上空子彈》都在這裡找場景，當然，也包括寓意深遠的《鳥人》：一位過氣的老演員為了重返榮光做出最後的努力掙扎，卻不得不臣服於現實……啊，難道我，一位過氣的旅行作家，也是鳥人嗎？

追尋傳奇：紐約之6

曼哈頓之「珍雅各散步」

之1——中央公園水鴨啟示錄

曼哈頓有好幾個城區如格林威治、蘇活、樂活（Lower than Houston，《紐約時報》稱之LoHo，指Crosby St.一帶，《Wallpaper》雜誌力薦的新興區域）、肉庫區（Meatpacking District，惠特尼美術館所在）、東村、雀兒喜、中央公園，皆很適合wander（很喜歡這個字，亦有wonder意涵），雖然我也曾嚮往《麥田捕手》式晃蕩，卻沒有那種力氣與勇氣半夜漫遊，結果就是去中央公園南邊淺水湖探望他關注的大哉問：「冬天湖如果結冰，那麼湖中的水鴨該怎麼辦呢？」

在喧囂的大都會，竟有如此廣袤的綠地湖泊，令人心曠神怡，突然間，兩隻水鴨間不知發生什麼事，劍拔弩張、對峙、威嚇、互啄，但沒幾下就各自游開，再用力振翅幾下，似乎想把剛才的情緒卸下……如果要拍部「放下的智慧」紀錄片，我想找水鴨擔綱演出。

中央公園的駐足點有些意思，如「畢士大噴泉廣場」，源於耶路撒冷畢士大泉水的治病奇蹟（約翰福音5:2–9），哈，還真的有人下水耶；又「安徒生與醜小鴨」雕像，若從心理學角度來審視，醜小鴨之「出走」是否意味著勇敢踏上流浪旅程才是逃離人生困境的解答？

又「愛麗絲夢遊仙境」雕塑，讓人想起愛麗絲與靈貓的一段對話：

「Would you tell me, please, which way I ought to go from here?」

「That depends a good deal on where you want to get to.」

「I don't much care where.」

「Then it doesn't much matter which way you go.」[1]

的確，如果連自己都不知道要去哪裡，走哪條路有差別嗎？常見政客說政見說得天花亂墜，卻不知要往何處，一想到要將國家命運交給這種人就覺得恐怖。

蹉跎了一陣子，才由中央公園西側門走出，不能免俗也到「草莓園」——名稱來自約翰．藍儂一九六七年名曲〈Strawberry Fields Forever〉，該處有塊藍白相間馬賽克唱片圖案，鑲嵌著一九七一年發行的「IMAGINE」字樣：

請你想像一下，如果這個世界上，沒有天堂、沒有地獄、沒有宗教、沒有國家，會怎樣？世界大同吧，很好聽的一首歌。想像總是美好的。不時有人站圖面留影，遙望不遠處的藍儂故居達科塔公寓（The Dakota），大門正是他遇刺身亡的地方，詭異的是，槍手帶了一本《麥田捕手》，看來捕手漏接了這個人，讓他摔落麥田懸崖了。

之2——旅人總是仰賴陌生人的好意

若說城市晃蕩，我最嚮往「珍雅各散步」（Jane's Walk）——每年五月第一個週末，全球兩百多座城市會自發性地舉行紀念《偉大城市的誕生與衰亡》作者珍．雅各（Jane Jacobs）的活動，居民透過人文散步，關注城市環境與歷史，藉此摸索一座城市的脈絡。

住在格林威治的珍．雅各，在一九五〇到六〇年間，看到城市層出不窮的都更、改建高樓、闢建道路，造成許多家庭和小商店被迫遷離。為了捍衛社區生活型態，從作家成為行動者，提出城市問題的解決要回歸居民的生活經驗和想法之主張，鼓勵人們出來「散步」、關心自己的城市，並要求規劃者必須跟社區共同協商未來，迫使市府不得不棄置快速道路穿過藝文地標「華盛頓廣場公園」的計畫，保存了格林威治的歷史街廓紋理，此後珍．雅各在都市政策中無役不予，呼籲人民有權對公共政策提出反思，影響了世界各地的城市規劃思維。

類似「珍雅各散步」也在台灣各地進行著，關注主題無所不包。據我所知，台南「珍雅各散步」曾探討「即將消失的鐵道街景」議題；又作家韓良露主辦的「康青龍街區漫步」，提出巷弄經濟學議題，鼓勵市民一起打造創意城市；或我家鄉子弟江明赫帶動的「慢城大林小旅行」，以點亮老戲院的方式點亮居民的共同記憶，推動寺廟、藥材與在地食材共構的草根文化經濟，與不曾對話過的草根職人對話，許多人才驚訝地發現，小鎮的「日常生活」竟似景觀。

故言旅人若能以具有思辨精神的「珍雅各散步」進入一個地方，便能產生多於觀光的關係與感受，為自己創造不一樣的旅行體驗。

可「生活景觀」難免滄海桑田，就像到格林威治尋找愛德華・霍普名畫〈夜遊者〉（Nighthawks）情境的速食店，也只能找路邊咖啡店權充一下。

我在裡面虛擬畫家的想像世界，突然瞥見角落有一個白髮蒼蒼的女人振筆疾書，會是佩蒂・史密斯嗎？她在寫詩嗎？雖然不覺得會是她，但也難說，她常去的伊諾咖啡店早就歇業了，然後她推門離去，我的亂想戛然而止，才得空檢視先前拍的照片。

不能免俗，有了這些到此一遊照，我的紐約行才得以具象化，包括：電影熱門場景中央車站；廢棄鐵道變身的高架公園（High Line Park）；第三波咖啡舵手知識份子咖啡（Intelligentsia Coffee）；垮派旗手凱魯亞克（Jack Kerouac）租屋處，一九五一年四月在此寫出半自傳體公路之旅《在路上》，寫得紙張滿室像公園落葉；寫出一代座右銘「我的蠟燭兩頭燒」[2]的普立茲獎女詩人米萊（Edna St. Vincent Millay）詩屋；普普藝術家安迪・沃荷玩絹印畫與實驗電影的「工廠」；《自由自在的巴布狄倫》（The Freewheelin' Bob Dylan）唱片封套場景：與藝術家女友蘇芝依偎而行的瓊斯街（Jones St.），本來我還搞不清楚攝影師取鏡的角度和位置，路旁唱片行Record Runner老闆竟帶著唱片跑出來指點我。的確，旅人總是仰賴陌生人的好意，就像《慾望街車》女主白蘭琪說的：「Whoever you are, I have always depended on the kindness of strangers.[3]」

之3——雀兒喜旅店傳奇

一九八〇年代赴美時，曾聽聞雀兒喜旅店（Chelsea Hotel）的傳奇，也跟搖滾迷同學J去朝聖，住不起，僅在大廳晃一晃、看看那些怪異有趣的房客，期待著有人裸奔出來，牽鱷魚散步，便得覺很high……那時候大廳和樓梯間牆壁凌亂地掛滿了畫作，搖滾迷說是房客換房租的作品，整個地方看起來很波希米亞。

但此次再來，卻遇到雀兒喜旅店大翻修，只見大堂藝術品都已清空，從天花板垂下的裝置藝術「邋鞦韆女士」也移走了，牆面空蕩，僅存壁爐、牆鏡、花瓶桌和四張沙發，還有一個老婦人靜靜地坐那兒——原來是長期房客。我們聊起大廳的畫作去向。

在佩蒂・史密斯自傳書《只是孩子》提到，為了給重病的傳奇攝影家男友羅柏・梅普索普安穩的住宿，跑去跟旅店經理洽商質押拼貼畫換宿，「我注意著四周動靜，審視著熙攘人群穿梭於掛著劣質藝術品的大廳。這家飯店經理史丹利・巴德老收到龐大並硬塞上門的作品充房租。」如她所願，入住，時為一九六九年，房租每週五十五美元。

順帶一提，佩蒂・史密斯首張專輯《群馬》（Horses）封套照：穿著救世軍買來的白襯衫，肩披黑西裝外套，掛上窄版長黑領帶，射出冰冷目光，便是羅柏設計拍攝的；但我其實更喜歡的是，經過史普林斯汀改編的〈因為這一夜〉（Because the Night），以及後來跟老公弗雷德「音速」史密斯（Fred "Sonic" Smith）合寫的〈人民擁有力量〉（People Have the Power）。

「畫作都拍賣了，也有些送人。」老婦人問：「你來這裡做什麼？」我來此追尋年輕的回憶啊，我說，很遺憾沒機會住進來。

「旅店何時會翻修好？到時候再來住……」

「說是二〇二〇重新開幕，變成精品旅館。」她嘆口氣說：「史丹利不在了，一切都會不一樣囉。」一九六五年史丹利・巴德從父親手上接掌旅店，二〇〇七年退休，經營權轉至其他股東。

可惜啊，紐約已經有許多精品旅館，不差多一家，雀兒喜卻是唯一，我又問：

「長期房客怎麼辦？」

「繼續住啊！法律會保護我們的。」她指的是一九六九年的「租金固定法」，為了壓制房租飆漲，市府規定房客只要繼續住下去，就不能漲房租。

「你來雀兒喜追尋哪位名人？」其實沒有追尋誰，就來晃一晃，但我仍然提了巴布．狄倫、李歐納．柯恩、佩蒂．史密斯等人。

「你是搖滾迷嗎？」哪是啊，就年輕時跟著朋友搖滾一下，大多數時候我也聽不明白，例如大衛．鮑伊，但面對那些迷幻、離奇、詭異的創作，我只需要理解和接受就行了，尤其是面對那些改變時代的非主流藝術家，相較於反映時代的主流藝術家，我可否以地下絲絨樂團（The Velvet Underground）靈魂人物路．瑞德或大衛．鮑伊與史普林斯汀作為對比？

「其實我更喜歡作家與詩人，喜歡巴布．狄倫、李歐納．柯恩的歌詞勝過歌曲本身。」我認為他們兩位骨子裡始終是詩人，佩蒂．史密斯也是，路．瑞德算是另類吧，他們的作品有一個共同特色，都在表達某些想法。我喜歡他們娓娓道來的方式，像在吐露祕密似的，尤其路．瑞德描述的主題往往是我輩難以觸及的The Other Side Of New York。當你內心有一種迫切想要表達什麼的時候，主題就變得不怎麼重要了，看來垮派追求自由的精神也深深影響了紐約搖滾歌手。

「那你知道作家亞瑟．米勒嗎？他也住這裡好幾年。」我看過《推銷員之死》，不是原著，而是電影，但多數人知道他恐怕是「瑪麗蓮．夢露的第三任老公」。

「許多文人住過這裡。我還遇過出版《羅莉塔》和《北回歸線》的巴黎奧林匹亞出版社老闆莫里斯（Maurice Girodias），來紐約也住這裡。」這我就不知道了，我唯一知道的厲害編輯是撐起文學夢想時代一片天的「天才柏金斯」，但我知道前本書作者是赫赫有名的俄裔納博科夫，後本書作者是亨利．米勒，老婦人可能看到我手上的納博科夫自傳《說吧，記憶》才扯到這個話題吧。在疏離忙碌的紐約，只有孤獨老年人才有耐性和時間陪一邊說一邊查線上英文字典的旅人聊天吧。

聊了一陣子，老婦人要上樓回家，而我也準備到隔壁的西班牙餐吧吉軻德（El Quijote）吃佩蒂．史密斯提到的大龍蝦。

「老了，沒有力氣旅行了，但我閱讀，就像旅行，都是追尋意義的過程。」她起身走向電梯，為我的智力旅行下了一個漂亮注解。

雀兒喜旅店外觀由紅磚和雕花鑄鐵欄杆陽台構成，非常醒目，門柱有好幾塊名人住的紀念牌匾，目前已是紐約市Landmark，建於一八八五年，初期乃公寓型態，一九〇五轉為旅店型態，有十二層樓，一百二十五個房間，佩蒂．史密斯以電影《陰陽魔界》的娃娃屋形容裡面的房間，每間都住著精靈，在六〇、七〇年代儼然是「波西米亞精神堡壘」，創造了許多匪夷所思的故事：

．垮派三傑：布洛斯在旅店完成半自傳性《裸體午餐》；凱魯亞克在此留下陽台抽菸照；金斯堡（代表詩作〈嚎叫〉）常至酒吧買醉，有次將佩蒂．史密斯誤認成美男子搭訕。

．亞瑟．米勒與瑪麗蓮．夢露離婚後，入住六一四房，六年寫了三部劇作，對房客以酒精和毒品作為抗議社會的手段厭惡至極，故言：「雀兒喜不屬於美國；它沒有吸塵器，沒有規矩，沒有品味，也沒有羞恥心。」

．佩蒂．史密斯與羅柏搬進二〇四房，「那麼多有影響力的人在雀兒喜進進出出，相信我們可以找到一個贊助人。雀兒喜的生活就像是個自由開放市場，每個人身上都有賣點。」

．民謠女歌手茱蒂．柯林斯翻唱加拿大創作女歌手瓊妮．蜜雪兒譜寫的〈雀兒喜之晨〉（Chelsea Morning），深受柯林頓、希拉蕊夫婦喜愛，將女兒取名為Chelsea。

・伊森・霍克與鄔瑪・舒曼拍攝了描寫旅店眾生相的《雀兒喜大牆》（Chelsea Walls），據云鬧婚變時住進旅店修補感情，店經理史丹利跟伊森說：「免費讓你們住，直到挽回她。」

・巴布・狄倫在二一一房完成《金髮美女》（Blonde On Blonde）專輯，包括致前妻的〈眼神哀戚的低地女人〉（Sad-Eyed Lady of the Lowlands）。

・安迪・沃荷執導實驗電影《雀兒喜女孩們》（Chelsea Girls），以地下絲絨樂團主唱妮可為女主角，呈現「工廠」光怪陸離的生活。

・路・瑞德為妮可寫了〈雀兒喜女孩〉（Chelsea Girl）、〈致命的女人〉（Femme Fatale）、〈給所有明日派對〉（All Tomorrow's Parties）。

・住四二四房的李歐納・柯恩苦戀妮可未果，寫了多首情歌，如〈回憶〉（Memories）、〈接受這渴望〉（Take This Longing）、〈聖女貞德〉（Joan of Arc）、〈我倆之一不會錯〉（One of Us Cannot Be Wrong），但這位繆思女神就像路・瑞德唱的〈致命的女人〉：「她來了，你最好小心點，她要再次打碎你的心，真的；

這不難理解吧，只要注視她虛假的眼睛就知；她勾引你是為了摧毀你，要把你當小丑耍……」妮可是來讓才子心碎的，為了證明愛情使人盲目。但多年後柯恩發表〈雀兒喜旅店〉（Chelsea Hotel）懷念的卻是住四三四房、已逝的搖滾女王珍妮絲．賈普林，用一首歌把一夜情變成旅店的一頁傳奇，但歌詞實在太露骨了，後來又重寫〈雀兒喜旅店#2〉；二〇〇九年柯恩七十五歲生日時，旅店特別在入口處懸掛紀念牌致敬，與亞瑟．米勒等大作家牌匾同列；至今我仍然不時反覆重聽其膾炙人口的〈哈利路亞〉（Hallelujah），每次都聽到寒毛立正致敬的聲音。

．龐克樂團性手槍（Sex Pistols）貝斯手邪惡席德在一〇〇房刺殺了女友。

．店經理史丹利二〇一七年二月辭世，《紐約時報》尊稱他是「旅館界羅賓漢」，將旅店變成「波西米亞庇護所」。

果然是藝術家的天堂，讓許多神祇選擇這裡駐足；有離開，有入住；雀兒喜旅店始終令人著迷，但未來還會是佩蒂．史密斯描述的旅店嗎？

「對大量來自社會各階級的勞碌才子而言，這家飯店是個充滿活力、可以孤注一擲的天堂……來過這裡後都是大人物，哪怕在外面的世界裡一文不名。」

值得慶幸是，吉軻德餐吧不受旅店翻修影響，繼續營業。我叫了一隻大龍蝦，想要體驗佩蒂・史密斯寫的氛圍：「這裡四處都是音樂家，他們面前的桌子上堆滿了蝦和青醬、西班牙海鮮飯、桑格裡調酒和龍舌蘭酒瓶。我驚奇地站在那兒，卻不覺自己是不速之客。雀兒喜是我的家，吉軻德是我的酒吧。」她和羅柏等著將客人遺留桌上的龍蝦螯收走，刷洗、打磨、噴漆，與銅珠串成項鍊，但不知今晚客人有藝術家嗎？

由傳奇構成的雀兒喜旅店，對我而言，是一個來不及參與的神祕世界，希望重新開幕後仍有那種「萬神殿」氛圍，然後我會回來住個幾宿，畢竟在現實中要找到通往傳奇的路徑不是那麼容易啊。

之4——流動的詩

在曼哈頓晃蕩，我喜歡徒步，走累了，遇淒風苦雨，便找地鐵站上車。紐約地鐵對紐約客就是移動的工具而已，從乘客之間沒有注視、眼光空洞、盯住手機滑動便知，不像莫斯科地鐵乘客會讀書。對我而言，紐約地鐵就像流動舞台，每次乘坐幾乎都遇見乞討者與賣藝者，有的站出入口旁，有的站月台，還有的就直接上車了。

我曾讀過一篇有關街頭乞討的報導，探討位置和時段對收入的影響，例如上班時段人潮擁擠，卻不是好時段，大家趕著上班沒有心思顧及他人。

乞討者一上車便會大聲報上姓名，不囉嗦，直接訴求重點：「我失業了，有三個小孩要照顧，有人能給我一些幫助嗎？」語氣理直氣壯好像你欠她的，然後一個挨一個伸手，一靠站就下車，極有效率。

賣藝者有趣多了，自我介紹後來一小段Rap，或來首歌——比如我就遇到：「I dreamed a dream in times gone by. When hope was high and life worth living. I dreamed, that love would never die. I dreamed that God would be forgiving.」（我夢到往日的一個夢，那時充滿希望，生命擁有價值，我夢到愛永不凋零，我夢到天主是寬容的。）就幾句《悲慘世界》主題曲，戛然而止，就開始募款了，我沒給，倘若她好好唱完這首歌，我一定奉獻。

我還遇過打鼓的、吹口琴的、彈吉他的、月球漫步舞的、鋼管舞的、把吊環當體操器材的，甚至只用手提音響大聲播放重節奏舞曲轟炸你的耳朵，總之就是虛晃一招，耍寶居多，討些賞，讓我聯想到某些政客的耍寶，與這些車廂表演者驚人地相似——都在騙（選票或錢）。

但就怕遇到唱幾句就兜售CD的，說是自己灌唱、不買就請隨意賞錢，這時只能把耳機戴上，佯聽手機音樂。

印象最深者，有次遇見一位黑人，跟乘客致意後，便望著一張「車廂廣告」唸起來，我聽不懂他在唸什麼，但聲調優美，不少人慷慨解囊。後來我才知道紐約地鐵車廂有張貼所謂「流動的詩」（Poetry in Motion），據云跟倫敦地鐵學的，由大都會運輸署與美國詩會在一九九二年啟動，目前已推廣到全美三十座城市，也印行了數本精選集。

但願有一天，能在車廂遇到米萊的詩。

注

1 此四句譯為：

「可否請你告訴我，我應該往哪裡走？」

「那要看你想要去哪裡。」

「我其實並不在乎要去哪裡。」

「那麼，無論你怎樣走都無所謂了。」

2 原詩為：

〈First Fig〉

My candle burns at both ends;
It will not last the night;
But ah, my foes, and oh, my friends-
It gives a lovely light.

中譯為：

〈第一顆無花果〉

我的蠟燭兩頭燒
天亮之前就要熄滅
可是啊，我的敵人，我的朋友——
看那燭光搖曳多可愛。

3 此句譯為：無論你們是誰，我一直都依靠陌生人的好心而活。

研　發　中　心　時　期

威斯特奧蘭治
West Orange

愛迪生最初發明的「唱片」（罐頭狀）與圓盤唱片。

追尋愛迪生
研發中心時期：威斯特奧蘭治之1

發明家的家居生活

之1——科學家的浪漫——以摩斯密碼傳情

一八八六年二月二十四日，三十九歲的愛迪生再婚了，對象是一位發明農業機械致富的富商女兒——年方十九具有《聖經》氣質的麥娜．米勒；不同於小家碧玉的前妻瑪莉，麥娜自小到大的教養就是為了扮演上流社會女主人的角色，如同當時的豪門閨秀，先被送到波士頓私校，爾後又送到歐洲遊歷增廣見聞，是一位雍容爾雅兼具人文素養又精於琴藝的名媛。

就在電燈事業蒸蒸日上之際，一八八五年初，功成名就的愛迪生應友人邀往米勒家作客，餘興節目自然是麥娜的彈琴獻唱，據說才唱出第一個音符，就像煙火點亮了鰥夫的黯淡世界，即使事業再忙碌不堪，對宗教儀式反感，為了與衛理公會虔誠教友麥娜相聚，愛迪生竟跟著去教會做禮拜，還戲稱自己是浮士德，將麥娜視為浮士德的夢中情人瑪格麗特了。

追求麥娜的過程，愛迪生重施故技：教麥娜打摩斯電碼，好讓倆人能在大庭廣眾之下輕敲對方手心，悄悄交談。後來求婚，也用摩斯電碼敲麥娜的手心徵詢。

愛迪生用摩斯電碼傳情，讓我忽然想起也寫詩的科學家馬克士威（James Clerk Maxwell，以四道方程式預測電磁波的存在），曾寫過一首膾炙人口的十六行詩〈電報員的情人節電報〉（Valentine by a Telegraph Clerk）給妻子，請容我不自量力意譯如下：

我靈魂的觸鬚與妳的交織，即使相距不知多少哩，透過線圈磁場，妳縈繞於我內心的指針；

如丹尼爾電池般穩定，如葛羅姆電池般強烈，如斯米電池般熱情，從我內心湧出的愛意，浪潮般奔向妳；

請告訴我，沿著磁力線傳送的心意，令妳產生什麼感應呢？敲一下便能終止我的焦慮了；

經由重重電阻（歐姆）與電磁（韋伯）的流動，妳敲下回音：我是你堅實的電容（法拉），充滿愛的電壓（伏特）。[1]

這首情詩充滿雙關語和隱喻，例如標題「電報員」正暗示作者（Clerk）本人；又全詩所用意象，皆關乎電學，如第一節的電線、第二節的電池、第三節的電報傳送、第四節的電學單位，但全詩最高潮乃最後兩句，女子的回覆道盡一切：請用愛充滿我。

順便一提，「馬克士威方程組」至今仍用來設計手機天線、變壓器線圈、躲避雷達探測的隱形飛機等，重要性可見一斑。

科學家的深情往往內斂，例如提出「我思故我在」的解析幾何之父笛卡兒，臨終前寫信給情人，僅有一條方程式：$r=a(1-\sin\theta)$——此即數學史上著名的「心形線」，又稱「告白方程式」，但要如此表白，恐怕對方也要懂解析幾何吧。

之2 —— 探訪愛迪生豪宅——戈里蒙特莊園

愛迪生再婚後，在紐澤西威斯特奧蘭治高級社區購得一棟名為「戈里蒙特莊園」（Glenmont Estate）的三樓層維多利亞式宅邸，多達二十九個房間，外頭還有溫室、穀倉、車庫、陶窯。

抵達時，只見一棟磚紅色大宅邸坐落大草坪，不允許自行參觀，不能帶包包進屋，內部也不能拍照，須由專人導覽。戈里蒙特不只裝潢維持原貌，連擺設都是愛迪生與家人生前用過的文物家具，布置在各角落的花草皆來自麥娜照顧過的溫室花園，將愛迪生的家居情境整個保存下來，讓參觀者產生作客的感覺。

一進門，往左側就是有壁爐的客廳，還有一架大鋼琴，供麥娜為家人或賓客彈奏，儼然是音樂沙龍。愛迪生在此接待過許多名人，如記者探險家斯坦利、飛行家林白；同時，他也愛蒐集名人的聲音。

「愛迪生最想收藏哪一位名人？」有人提問。

答案是，拿破崙。痴念。

實際上，愛迪生用留聲機錄過好幾位風雲人物的聲音，如德皇威廉二世、鐵血宰相俾斯麥、英國桂冠詩人但尼生。

往右側進去是書房，藏書盡是世界名著，女導覽在這裡解說得很動人，說愛迪生「彷彿與荷馬、柏拉圖一起倘佯雅典衛城」、「與巴爾札克、雨果一起徘徊香榭大道」，還有與一些我聽不懂的名字一起漫步羅馬大道，也有與伏爾泰、盧梭辯論，在旅館裡與狄更斯把酒言歡。估計是莎士比亞戲劇看多了的幻想。不過，女導覽實話實說那些皮裝書多用來裝飾，給人留下「書香門第」（a wealthy intellectual family）印象，愛迪生真正使用的圖書室位於研發中心。

愛迪生婚後，故態復萌，又忙著做研究，為留聲機的改良忙得天昏地暗，豪宅對他像是旅館，讓習慣社交生活的麥娜頗不適應，幸好，陸續生下一女二男，增添了熱鬧氣氛，長子查爾斯後來繼承愛迪生事業，當過紐澤西州長和海軍部長，還成立了「愛迪生基金會」。

愛迪生夫婦和孩子們的生活起居皆在二樓，管家僕役房則在三樓，其中有間儲藏室桌上還遺留著食譜和購物收據等，廚桌上也放著蘋果派模型，彷彿管家廚子剛離開一會兒。在二樓起居室中，擺滿許多愛迪生的發明，也有許多收藏如獎盃、雕塑、標本、瓷器、波斯地毯、家族照片、哈德遜畫派作品，還有一架小鋼琴——

據云麥娜準備的小床，讓愛迪生不用像貓般坐在椅子上假寐（catnap）。
圖右手持唱片的雕像，是希臘神話中的豎琴家奧菲斯？

愛迪生喜歡躺在安樂椅，聆聽麥娜自彈自唱……

「愛迪生最喜歡聽麥娜唱什麼歌？」有人提問。

女導覽不假思索道：「〈西部的灰色小家〉（Little Grey Home in the West）。」大家都笑開了，我還以為會是歌劇曲目，有位長者當場哼起旋律來：「當金色夕陽下山時，一天的辛勞也過去了。雖然路途遙遠，但在歌聲洋溢中，我忘記一天的疲勞……」這首歌顯然能喚起某一代美國人共鳴，後來查閱才知是一九一一年傳唱的一首鋼琴伴奏抒情歌。

當然，也進入愛迪生夫婦臥房，前妻瑪莉的肖像油畫赫然入目，麥娜的氣度實在令人佩服。還有衣櫥——不知哪兒讀到，愛迪生對於換上禮服穿窄版尖頭鞋跟著妻子出入上流社會一事頗有微言：「為了讓自己的身體產生一種優雅的感覺，就必須忍受一點痛苦……實在是虛榮、自大、愚笨到了極點。」此話讓我想起《亂世佳人》費雯麗穿束腰裙勒緊肚腹那一幕。

可能要等到愛迪生晚年，戈里蒙特莊園才比較像個家。據麥娜說法，愛迪生的休閒方式是到二樓起居室，坐在安樂椅上讀書、沉思，但一旁的大桌子常擺著設計圖。

「我最頭痛的是怎樣把丈夫帶到臥房。」愛迪生通常只睡四小時，從一八五九年當火車報童起，每天工作至少十七小時，到了七十五歲才接受勸告睡滿八小時。

愛迪生晚年最大娛樂是，開著福特T型車載著麥娜在社區兜風，偶爾也打撞球，但媒體對隱私更感興趣，麥娜後來也鬆口透露了一些。

有一說，麥娜曾抱怨愛迪生是「難以應付的人」、「我實在不能忍受太勤快的人」，所以，當我讀到麥娜對友人說：「你們恐怕不能了解與一個偉人維持婚姻生活是怎麼一回事。」不禁掩卷嘆息，身為偉人另一半，個中滋味不足為外人道也。

曾有人問愛迪生何時退休？他不悅地答道：「出殯之前！」他的醫師友人說愛迪生臨終前曾言：「**若不能有效地工作，生活就沒有什麼意義**」、「**當工作能力用盡，我寧可離開這個世界……勇敢地預備死亡**」。平心而論，許多創業者皆有這種「直至燈絲燒盡」的想法。

「愛迪生最後在忙什麼？」

「忙著實驗從哪種植物中能萃取更多橡膠，取代橡膠樹。」鞠躬盡瘁莫此為甚。

愛迪生在戈里蒙特莊園住了四十五年，一九三一年十月十八日凌晨三點二十四分安然辭世，享年八十四歲，留下兩千多項發明（包括一千零九十三項專利）。

順帶一提，出殯當天，美國總統胡佛建議全美家庭在晚間十點關燈數分鐘，用黑暗和靜默紀念他，做最後的告別。十六年後，麥娜也蒙主寵召，與愛迪生合葬在後院一棵大橡樹下。

我第二次前來才得知墓地，只見兩塊墓碑依偎平嵌地面上。沒能帶上愛迪生迷親自致敬，是此次委託旅行最大遺憾。

《底特律鏡報》特刊報導愛迪生逝世消息——1931 年 10 月 18 日凌晨 3 點 24 分。

熬三晝夜之後，然後呢？

之1——改良留聲機，創造神話

就在電燈事業蒸蒸日上時，愛迪生又毅然返回發明事業，在住家戈里蒙特莊園附近覓地，興建比之前門羅帕克實驗室園區還要大上好幾倍的「研發中心」，主體建築是一棟長達六十公尺、寬十五公尺的三樓層磚造「發明工廠」，外頭還有獨立的化學實驗室、打樣室、冶金室、打鐵鋪。雖然愛迪生以企業團隊方式擴張發明事業，但本質上仍是個體戶——開發他個人的想像力，而不是團隊的想像力。

由於抵達稍早，我們候在博物館園區外張望，看到館內有一座奇形怪狀的黑色建物，愛迪生迷立即喊出「黑色瑪麗亞」（The Black Maria）——世界第一座電影攝影棚，彷彿那是她很熟悉之物，就像那些消失不見的愛迪生遺跡，她也能娓娓道來。很難想像一個人竟然能在字裡行間爬梳到如此多的見聞，她可說是以閱讀「旅行」了解愛迪生的生平，令人凜然，也讓我感受到她的迫不及待之情，恨不得有雙翅膀趕快飛進去。

一進工廠門，右側牆板掛著早期打卡鐘與一張愛迪生打卡照片，注解他身為創辦人仍每天打卡，堅信長時間努力工作是成功的不二法門。我看過他的一張打卡，那一週工作了九十五小時四十九分鐘，可見科研工作是沒日沒夜的，裝設打卡鐘有利於勞資關係。打卡鐘是在一八八八年底才由邦迪（W. G. Bundy）發明出來，公司經過幾次合併，在二十世紀上半葉成為計算機巨人ＩＢＭ，恐怕連他本人都沒料到。

一樓左轉是重機械操作區，一啟動恐怕是山河震動。右轉，旋即被挑高二樓層的圖書室震懾住——迴廊式書架排滿來自世界各國的論文、雜誌和各種專業書籍，最引人注目的是好幾排的日記本，有幾次專利官司都派上用場作為證據，此外也擺放了許多個礦植物與昆蟲標本的玻璃罐，以及世界各地送來的獎杯、感謝狀、紀念牌、勳章等「廢物」（他自己的形容）。

愛迪生的辦公室也在此室，桌子已被透明玻璃罩起來，一如所料地凌亂，我的目光被壁爐上一張油畫吸引住。那張畫竟帶著一副拿破崙式表情，就像那幅〈拿破崙跨越阿爾卑斯山〉騎著白馬象徵不畏艱難的名畫，但真實歷史是，拿破崙騎著騾子在風雪中慘澹行軍。

所有愛迪生傳記大多會提到此畫——趴在桌上的愛迪生用手撐著頭，戴著類似聽診筒的耳機，聆聽一台機器——請容我姑且名之「熬三晝夜之後」吧。據說，愛迪生為了搶在競爭者之前推出第二代留聲機，三天三夜不眠不休，終於在一八八八年六月十六日清晨五點取得突破，距離在門羅帕克發明的留聲機已過了十年。根據這個歷史一刻，不知誰的點子，拍了一張拿破崙表情的照片（後來據此作畫）作為宣傳畫面，再次證明愛迪生是一位善於媒體操作的發明家——透過說故事、放消息給記者，享用免費報導。這是一個相當高明的神話創造，當今不少名人和企業家也是如此操作。

雖然住家離此僅有十分鐘車程，但從圖書室角落小床可想見愛迪生以廠為家。過去在門羅帕克，他常在實驗室座椅上像貓般假寐，有時倒地就睡，有時枕著瓦特那本厚重的《化學百科》趴在桌上——連睡覺都不忘汲取知識。

圖書室有兩件一黑一白雕像：白的戴著翅膀、右手高舉一只電燈泡、腳踩煤氣燈——我猜想是盜天火到人間的普羅米修斯；黑的手持唱片——我猜想是阿波羅和繆思的音樂家兒子奧菲斯，來找愛迪生灌唱片嗎？

為了證實自己的猜想，去請教了管理員，他大笑說：「那兩件雕像都是愛迪生，難道你看不出來嗎？」哈哈，有些尷尬，回頭細看，果然與青年愛迪生有幾分神似。

之2——成也愛迪生，敗也愛迪生

愛迪生花了三晝夜改良的留聲機，用蠟管唱筒取代了原先的錫箔管唱筒，也只能轉動兩分鐘，大約一首短歌的長度，唱針耗損極快，驅動發條也常故障，導致經銷商紛紛打退堂鼓，連總經銷都難以為繼，只好盤給愛迪生抵欠款，愛迪生據此成立了「國際留聲機公司」，專門生產和銷售他發明的留聲機。

但是，有家哥倫比亞留聲機公司卻以提供維修服務存活下來，還趁機推出娛樂用途的音樂唱片，與愛迪生主張的純商業用途迥異。事實上，愛迪生是第一個邀請音樂家錄音的人，但他對音樂有近乎頑固的偏好，例如：痛恨男高音的抖音、也不喜歡花腔女高音——因為驟然改變的音量會讓唱針從唱筒溝槽跳針。

某本傳記特別提到愛迪生的聆聽方式：將頭靠在留聲機、用牙齒咬住邊緣木頭以上下顎感受聲音的震動。古怪的聆聽方式，可能影響了愛迪生的音樂品味，不幸的是，公司要與哪些音樂家合作、錄哪些曲目，也由重聽的愛迪生負責。

至一九一九年，愛迪生試聽過三千八百位歌唱家，僅有二十二位符合他要求的純淨唱腔標準。他認為大部分歌手配不上他發明的圓盤型留聲機：「**沒有人會期望我錄製這樣的聲音……**」但業務員發現那些抖音聲樂家更受到大眾歡迎。

愛迪生對創作者的喜惡也相當極端，例如特別鍾愛貝多芬而討厭華格納。在留聲機問世二十五週年時，他宣稱：「**我想用七十五名樂師來演奏貝多芬《第九號交響曲》**。」失聰後的貝多芬在創作上遇到的困難和挫折，愛迪生想必感同身受。

愛迪生的任性造成業績嚴重衰退，有人提醒他：「由一個人選曲風險極大……」他卻說：「**我不在乎留聲機的業績，這是我的發明，我要自行營運。**」

唉，成也愛迪生，敗也愛迪生，他可能沒料到自己的頑固成了公司成長的絆腳石，讓競爭者後來居上。實在很難以想像，頑固和創新相互衝突的兩種觀念，竟然同時聚在同一人，事實上，許多中小企業創辦人都具有此項矛盾特質。

最大競爭來自「平面圓盤唱片」發明者伯利納（E. Berliner），一八八七年十一月，他以唱盤式留聲機獲得專利，並在一八九五年以「格拉魔風」為名建廠生產，將專利售予勝利說話機器公司（Victor Talking Machine）。這是一種全新的錄音模式，與愛迪生蠟管式唱筒上的紋路不同，後者用上下震動的針頭刻出深淺變化的音槽，前者用水平震動的針頭刻出左右彎曲的音槽，具有大量複製的便利性，對愛迪生產了威脅。

上了二樓，就是精密機械區、描圖室，乏味，匆匆掠過。登上三樓可就不虛此行了。先看留聲機藝廊——展示不同年代各款式留聲機，包括一八七七年發明的錫箔式留聲機原型與「會說話的洋娃娃」，大致就是愛迪生留聲機公司的整個發展史。

接著看音樂房，擺放了一台大鋼琴與各型留聲機，類似錄音棚或試聽室，想當年一定有不少音樂家夢想在這裡錄音吧。現場解說員通過蠟管式留聲機播放歌曲來解說留聲機構造，可惜沒有現場錄製聲音給大家聽聽——當年在芝加哥世博，人們排上幾小時的隊，不只是見識留聲機，更想聽到自己閉上嘴後的聲音。這是令人流連的美妙地方。

三樓還有許多發明物，簡直就像「愛迪生的腦袋」，包括失敗的和無法上市的。保存失敗品用意何在？愛迪生另有見解：「這些不是無用之物，是實驗品。」愛迪生用不同觀點定義失敗，而不是由失敗來定義他。

可能因自己背景相似，我在攝影室徘徊多時，這裡是電影攝影機的源頭，但更重要的功能是，拍攝愛迪生和發明物給媒體。可見愛迪生對自己的「公眾形象」非常在意，與其讓記者亂拍一通，倒不如由自己提供「有故事的照片」，如上述「熬三晝夜之後」。試想，拿破崙騎騾，會給人畫像嗎？

留聲機輓歌

留聲機無疑是愛迪生的原創發明，但書寫期間，參考資料顯示，早在一八五七年有位名叫馬丁維爾的法國人，曾模擬耳朵構造（耳道、耳膜、聽小骨）做了一件裝置，再以喇叭收集聲音來震動一根豬鬃毛，錄下某位女歌手的歌聲——其實只是豬鬃毛在油燈煙燻的紙板上刮出聲波的形狀——此即最早的聲音記錄裝置，或稱「聲波記錄儀」（Phonautograph），他據此向法國申請了專利，比愛迪生早了十七年。雖然馬丁維爾不知道如何將聲音重現出來，但他相信後世會有辦法，果然，二〇〇八年就有位美國科學家用數位技術、再生這段十秒鐘的聲波，原來是法國童謠〈月亮〉片段，讓世界聽到了人類最早的錄音。

所以，世界上第一個記錄聲音的人，能說是愛迪生嗎？

之1——競爭市場不是老人的國度

在門羅帕克，是我與愛迪生留聲機的第一次接觸。當我看著解說員從一罐罐蠟筒中找曲目，突然想到，一百多年前的「唱片行」架子上擺放著一個又一個圓筒，不就像排列在超市冷藏櫃的罐裝飲料嗎？雖說播放的聲音帶有沙沙的雜音，難以顯現樂曲質感，但對當時的人們來說，不，即使對今日的我來說，仍然是件令人興致盎然的玩意兒。

但是，為什麼在近代的唱片史，或者說，在我認知的唱片收聽史（黑膠唱片），完全沒感受到愛迪生的存在呢？照理說，他發明了留聲機，也成立了公司，理應延續到今日，事實不然，就連愛迪生迷也是在古董店意外遇到愛迪生的蠟管式留聲機，才引起收藏興趣。

幾番追查，往上推到黑膠、蟲膠唱片年代，也沒有愛迪生的存在，反而看到的是勝利、哥倫比亞的唱片，難免引人好奇，到底出了什麼事？

原來，愛迪生成立的「國際留聲機公司」，早在一九三〇年不堪虧損停工了，唱筒更早在一九一二年停產，改做圓盤唱片。

事實上，愛迪生和麥娜的兒子查理斯不是沒察覺到危機。當一九二三年收音機普及後，公司營運便開始走下坡，隔年貝爾實驗室推出電氣留聲機，愛迪生留聲機事業一落千丈，後來收音機和電氣留聲機合成一體更是致命一擊。愛迪生忽略了這種「產品結合」也是一種創新——類似後來摩托羅拉創辦人蓋文率先將收音機和汽車整合在一起。

反觀愛迪生昧於局勢，與市場發展背道而馳。他看不起電氣留聲機，認為音響效果沒有他的發條留聲機好，堅持改良現有留聲機——直到一九二五年，還繼續發表二十分鐘（單面）和四十分鐘（雙面）唱盤的機型，也拒絕提供轉換裝置給其他業者在愛迪生留聲機上播放唱片，更反對將收音機與留聲機結合在一起，他認為熱愛自由的美國人豈會接受電台主持人主控樂曲的選放，廣播熱潮不久就會消失。但事與願違，廣播愈來愈受歡迎，印證了創新的成功與否，取決於本質是否具備傳播性與自動發散性。誠如葉慈一首詩說：「That is no country for old man.」競爭市場不是老人的國度，一九二六年秋天，八十歲的愛迪生不得不退休，交棒，可惜大勢已去，一九二九年十月底，查爾斯宣布退出留聲機和唱片產業，將廠房用來生產收音機，一年後也失敗收場。

回顧歷史，我們必須說，廣播電台和收音機，與愛迪生留聲機一樣，皆可譽為百年來最偉大發明之一。

之2——收音機的催生者

一九〇六年，如前述，美國科學家弗萊斯特將「愛迪生效應」做出來的二極管發展出能使電波產生放大作用的三極管，使它成為實用的電子元件，促成各種電子設備不斷湧現，推動了電子行業的發展，例如廣播、電視和雷達等。AT&T拜他之賜，在短時間迅速提升三極管技術，在一九一四年建立長途電話網，造就了往後七十年霸業。

昔日弗萊斯特居住的帕羅奧圖，後來成為全球聞名的矽谷。

有了三極管，還要借助兩個催生者，收音機才順利誕生。其一是，加拿大人范信達（R. A. Fessenden），他想到以交流發電機作為聲音的載波，研發了一款名為

「鎮流管」的接收器。香港九龍塘有一條「范信達道」即是紀念他。

其實范信達大學畢業後曾加入愛迪生團隊，深受器重，期間曾提出用無線電波傳送聲音的想法，但愛迪生認為技術上行不通，失去另一項改變世界的機會，范信達只好離去，尋求實現自己想法的機會。

其二是，阿姆斯壯（E. H. Armstrong），一位極天才的大學二年級生，一九一四年在三極管電路實驗中，竟然發明了「振盪器」，突破了無線電傳送聲音需要的持續性載波的技術瓶頸，讓載波頻率可以輕易調頻，發展出高效能的無線電收發機，即「振幅調變」（AM）。影響所及，當時許多玩家紛紛架起天線，利用阿姆斯壯的設計概念，在家安裝無線電設備，大玩無線電通訊；同時，調幅收音機也大行其道，成為一門大生意，導致AT&T慫恿弗萊斯特控告阿姆斯壯侵權，不承認振盪器為其發明，得以無償使用，讓電子業嗤之以鼻，為了表達對發明家的支持，一九三四年在紐約舉行的IEEE年會，特別頒發阿姆斯壯「愛迪生獎」，以資表揚和抗議。

但阿姆斯壯不氣餒，再接再厲研發出一種名為「再生放大」的無線接收技術，讓西屋電氣、RCA都向他支付權利金。後來幾乎所有的收音機都採用了此技術，獲利頗豐，還把RCA總經理沙諾夫的祕書娶走。順帶一提，他為了帶愛妻到海灘野餐能聽收音機，發明了世界上第一台手提式收音機。

再到一九三四年，阿姆斯壯又發明了「頻率調變」（FM），使收聽效果更清晰。他想賣給RCA，但沙諾夫故意延宕不決，他一氣之下自己斥資生產，槓上RCA，想要來一場FM對抗AM之戰。這下子踩到沙諾夫的痛腳，因為AM收音機是RCA的金雞母，於是沙諾夫運用政商關係，將原先給FM的頻率調撥給RCA想要發展的電視，再將FM收音機調撥到更高的頻率上，導致阿姆斯壯已生產的FM收音機一夜間變成廢鐵。後來阿姆斯壯一狀告上法庭，小蝦米對抗大鯨魚，一直拖到FM專利期滿，阿姆斯壯受不了打擊，跳樓自殺。雖然遺孀繼續上訴，贏得勝利，但墓木已拱。

之3——巨變時代下，用過去的邏輯做事

令人疑惑的是，一向對市場趨勢敏銳、充滿創新力的愛迪生，怎麼會如此頑固保守呢？會不會是過去的經驗給了他錯誤的理解，侷限了他看到未來的能力，連

帶地也僵化了他的思考邏輯和商業模式？

商業模式必須與時俱進，誠如管理大師彼得．杜拉克所言：「巨變時代最大的危險不是巨變本身，而是仍然使用過去的邏輯做事。」或能提供一些啟發。其實從愛迪生到今日創業者，不難發現都具有「用過去的邏輯做事」的特質，導致企業無法面對新挑戰。怪不得愛因斯坦會說：「什麼叫瘋子，就是重複做同樣的事卻期待出現不同的結果。」

PayPal創辦人彼得．提爾認為這是「歷史常態」，回顧當初許多以創新起家的科技企業，最終都成了「反科技」公司，例如微軟，一九八〇、九〇年代是一家科技公司，但到了二〇一五年，他們的世界仍舊沒有改變，繼續沉迷於桌上型電腦作業系統的榮光中，讓谷歌與蘋果乘虛而入，前者賣「搜尋」，後者賣「行動裝置」，改變了世界，幸好微軟「重新想像ＡＩ加ＨＩ智能革命下的商業與變革」，及時介入雲端，才再次「刷新未來」。

但愛迪生卻漠視圓盤唱片的便利性和複製性，堅持使用圓筒唱片，更忽視留聲機的娛樂趨勢，加上個人對音樂家的好惡偏差，削弱了企業競爭力；反觀競爭者卻全力發展流行音樂，像當時最受歡迎的男高音卡羅素和女高音梅爾巴都是勝利唱片旗下巨星。

常聽黑膠的人，應該對勝利唱片上的小白狗商標印象深刻。這隻名叫「尼波」（Nipper）的汪星人任憑公司浮沉，依然屹立不搖，陸續出現在ＨＭＶ、ＲＣＡ、ＥＭＩ產品上。尼波的主人是位倫敦畫家，他留意到尼波常側著腦袋疑惑地望著愛迪生留聲機大喇叭，令他印象深刻，所以，當尼波於一八九五年去世後，便將這一幕畫出來，名為「注視、聆聽留聲機的小狗」。

畫家本想賣給愛迪生，被「狗聽不懂留聲機」為由拒絕，但伯利納對此畫有一種特別的feeling，在一八九九年買下來，要求畫家將愛迪生留聲機換成格拉魔風（唱盤式留聲機），且不知哪來的靈感，更名為「他主人的聲音」（His Master's Voice，簡稱ＨＭＶ），成為歷史上著名商標。

很遺憾，專斷獨行的創業者，往往看不清楚潮流趨勢，江山只好拱手讓人，只剩名留千古了。

追尋愛迪生
研發中心時期：威斯特奧蘭治之4

愛迪生的電影殘夢

之1——活動相片攝影機的發明

再次探訪威斯特奧蘭治研發中心，不收門票了，改成入場捐獻，不知哪一種方式對館方有利？

按慣例，我會先至旅客中心了解狀況，再採明信片書籍禮品，鎖定不容錯過的館藏，所以，才得知放映室即將播出一部十分鐘無聲電影《火車大劫案》（一九〇三年）。該片有十四個場景，首度透過剪接技巧來處理時空概念，串成具有敘事結構的電影，咸認是世界第一部動作片。

早在一八九一年，愛迪生與助手狄克遜即研發出「活動相片攝影機」（Kinetograph），以三十五毫米條狀膠片拍攝，將每個像格兩側齒孔定為四孔，以利快速轉動，如此連續拍攝六百幅畫面，儲存在一個稱為「活動相片放映機」（Kinetoscope，俗稱「西洋鏡」）的箱子內放映。此時的電影以雜耍、鬥雞、拳擊、雜技、打鐵、理髮等「動作片」為主，滿足大眾獵奇心態，談不上劇情，拍攝作業皆於一棟安裝在圓形軌道上的移動攝影棚「黑色瑪麗亞」——外觀像載運犯人的黑色囚車（Black Maria）而名之，隨著日照角度移動方位，為了凸顯被拍攝者，內外牆均以柏油紙覆蓋，然此刻所見是一九五四年搭建的空殼模型，擺個樣子，但旅行當下，平凡無奇的景物往往與某一個意義連結而有了重量。

為了回應媒體和大眾期盼，一八九四年四月，愛迪生在紐約百老滙建立美國第一家西洋鏡劇院，有五台放映箱，讓觀眾依序從放映箱窺視孔觀看約一分鐘長的「微」電影，每人收取二十五美分，在當時五美分可飽餐一頓，這筆娛樂開銷不可謂不小。

我在訪客中心也看到幾本小冊攝影集，順手洗牌式翻閱，頁面上的相片竟然像在活動一樣……這不就是愛迪生「活動相片」（Motion Picture）原始概念嗎？於是花五美元買了一部紙本微電影：一個人拿著手帕打噴嚏的連續畫面。

據愛迪生說法，「電影」靈感來自一八三〇年代街頭的「驚奇箱」——利用轉盤的快速轉動使箱內畫像產生動畫錯覺。其時比利時物理學家普拉托（J. F. Plateau）已經證實「人的眼睛有視覺暫留現象」，讓愛迪生聯想到，只要將許多張影像畫面連續呈現在人們眼前，就能形成「活動相片」了。

之2——開發「管窺秀」放映機

但真正付諸研究，要等到一八八七年研究留聲機時。愛迪生向狄克遜提出「同時記錄聲音和動作」的構想：「就像留聲機帶給耳朵的感覺，這部機器也能帶給眼睛相同效果……」愛迪生在一八八八年十月提出的專利權保護申請書上寫著：「與留聲機記錄聲音的道理一樣，把一連串的相片連續照在圓筒或鋼板上……最後會使用細長的連續相片，可這個方法還有一些機械性困難尚未解決。」

「機械性困難」指的是，活動相片速度如何與留聲機音速做到「聲畫合一」。在之前才剛克服了快速攝影，因為照相發明之初，不論銀版、紙版、火棉膠、濕版或乾版等底片，均不利快速感光，直至伊士曼於一八八六年研製出捲式感光膠卷（伊士曼膠卷），每秒可連拍六十張相片，飛禽走獸動態畫面才有拍攝的可能，而愛迪生提出構想的寬度三十五毫米膠捲底片（兩側齒溝之間的距離為三．五公分），日後也成為軟片的標準。

順帶一提，一八八八年六月，伊士曼推出小型照相機「柯達一號」，繼而在一八九二年將公司改名為「伊士曼．柯達公司」，造就了柯達的底片霸業。不過，伊士曼的人生結束方式頗戲劇性，竟以手槍了結癌症之身，留下一張耐人尋味的字條：「致友人：該做的事都做完了，我還等什麼呢？」

一八八九年十月，愛迪生夫婦參訪巴黎世博會歸來，狄克遜又有了突破，成功地將留聲機與放映機連動，進行了影像與聲音的同步測試，並以自己為拍攝對象實驗，拍出問候愛迪生的十二秒「有聲電影」。

就像過去的無數發明，皆是一次次的技術累積，狄克遜把幾種已經問世的攝影機整合後，製作出每秒通過四十張底片方格的「活動相片攝影機」，後來改為十六張方格（默片的速度，但有聲電影推出時改為二十四張方格）。一八九一年，愛迪生為此機器取得專利，再開發出「管窺秀」（peepshow）放映機。

值得注意的是，愛迪生在一八八八年的專利保護申請登記上，曾提及放映機和銀幕構想，申請專利時又刪除，疏忽了電影的潛力——娛樂性，沒有繼續將電影延伸至銀幕系統，一念之差，失去了市場獨占機會，究其原因，不想失去現有的管窺秀放映機生意（按他說法是「不應該殺掉生金蛋的鵝」），導致狄克遜等助手紛紛離去，投奔到競爭者陣營。愛迪生可能失算，當初這些人追隨發明夢而來，現在夢沒了，當然也出走了。

之3——致命的「阿基里斯腳踝」

固執己見，似乎是愛迪生能夠走發明這條艱辛路的成功關鍵，但有時候，卻是致命的「阿基里斯腳踝」。

果不其然，法國的盧米埃爾兄弟（Les Frères Lumière）針對愛迪生的裝置加以改良，研發出兼具攝影和放映功能的「活動電影機」（Cinematographe），在一八九五年十二月二十八日於巴黎大咖啡館放映了歷史上第一場公開售票的「無聲電影」，正式宣告電影的誕生。當天放映的《工廠大門》，只有短短四十七秒——

從工廠對面大樓窗口偷拍工人進出——無意間改變了觀看世界的方式，不妨視為最早的「觀察電影」，不干涉現場也不介入被拍攝對象的一種紀錄片。此後，盧米埃爾兄弟巡迴世界放映電影，把電影當成一種娛樂形式與內容產業發展，不像愛迪生一直侷限於技術的發展，更重要的內容攝製反而交給他人。

美國首部「銀幕」電影於一八九六年四月二十三日在紐約市放映，雖然以愛迪生之名推出，所用「維太放映機」（Vitascope）卻不是愛迪生的發明，而是兩位發明者迫於市場現實不得不與愛迪生聯名，取得大眾注意。不過，愛迪生最終還是開發出自己的投射式放映機（Projectoscope）。

愛迪生在一九〇七年成立影業公司拍戲，打了十多年官司的專利訴訟也在年底贏得勝利；翌年在同業獻策下，藉由托拉斯方式成立「電影專利權公司」（Motion Picture Patents Co.），並與伊士曼·柯達約定只有托拉斯成員才能購買底片，壟斷了影片的製作、發行和放映，直至一九一七年法院發出解散命令。但愛迪生已經賺了好幾桶金，足夠讓他再度跳入燒錢的發明事業，如鹼性蓄電池、混凝土鑄模屋、磁力採礦機。

托拉斯期間，一九一二年，愛迪生又成功地把留聲機與活動相片合而為一發明了「有聲電影」，捕捉到有聲音的影像，但第一部有聲片《爵士歌手》還要等到一九二七年才誕生。

還有，二十世紀初的「好萊塢」不在加州，而在今哈德遜河西岸的李堡（Fort Lee, NJ），包括冠軍、派拉蒙、環球等十多家影業都在此興建片廠，就近利用河岸綿延的斷崖峭壁作為西部片和動作片場景，例如每集三十分鐘、總計八集的默片《寶琳歷險記》（一九一四年）即是個中代表作，片中不乏「攀岩掛壁」（cliffhanger）鏡頭。

就在李堡博物館探詢上述影史時，遇到一位打工的年輕台美人，給了我一些當地旅遊建議，但我留意到他正在讀一本簡體書《尋路中國》便聊開了，從他口中得知，簡體字早已取代了繁體字，景況與我一九八〇年代留美時相反……

還是聊聊李堡的沒落吧。有說拍片頻繁，干擾居民生活，引起抗爭；又說寒冬暴雪，不利從業人員從紐約渡河過來；或許，更重要的真相是，逃避電影專利權追殺，獨立製片紛紛搬到陽光充足的洛杉磯。目前製片廠舊址皆設牌匾，紀念昔日「影城」繁華，曾多次作為西部小酒吧客棧場景的藍波客棧（Rambo's Saloon）尤具幽魂意義。

此外，李堡也創造了一個非物質文化遺產——cliffhanger，意指「高潮迭起、緊張懸疑、扣人心弦的電影」。

股神巴菲特有所謂「護城河」理論——企業若擁有品牌力、專利權、銷售通路形成護城河，便值得投資；審視愛迪生諸多事業如電影、留聲機，皆符合上述三要件，卻失敗了，可見發明家要成為企業家，並不是想像中那麼容易啊。

少年報童時期

休倫港
Port Huron

愛迪生母親南西之墓。

追尋愛迪生
少年報童時期：休倫港

一朵康乃馨，獻給愛迪生母親

之1——美國的鐵路時代

我們終於來到「少年愛迪生」的故鄉——密西根州聖克萊爾河畔、鄰近休倫湖的休倫港，與加拿大薩尼亞市（Sarnia）隔河相望。以我此刻所見，天空湛藍，湖光潋灩，水鳥盤旋，船隻、燈塔、彩虹橋、釣客點綴其中，空氣清新甜潤，真是令人心曠神怡啊。

愛迪生七歲時（一八五四年），舉家搬遷休倫港，直到十七歲離鄉背井，這段成長期間常被媒體和傳記取材，作為一個「美國夢」的勵志版本，但故事演變到後來以訛傳訛變得不可思議。

我們從福特汽車總部所在的迪爾伯恩租車北上，兩個多小時便抵達休倫港了。很快地找到港邊「愛迪生公園」，有一尊賣報紙香菸水果零食、戴報童帽的十二歲愛迪生雕像，他上下車的格拉希亞特堡車站（Fort Gratiot Depot）就在一旁，已整修成「愛迪生車站博物館」。

在少年愛迪生時代，這條鐵路從底特律往北延伸過來，每天七點從休倫港出發，十點抵達底特律，傍晚六點半返休倫港，白天便泡在底特律市立圖書館閱讀。

在底特律時，我們也找到昔日愛迪生上下車的大幹線（GTR）車站，票務辦公室和候車室已變成餐酒吧。順帶一提，十九世紀是美國經濟繁榮的轉折關鍵。南北戰爭後，政府大力推動鐵路建設，促成數百家鐵道公司林立，讓美國更加緊密團結，接著採用格林威治標準時間（一八八三年十一月八日）——為了搭上火車不能不跟著調整自己的鐘錶時間，就這樣建立起全民準時守時觀念。可見鐵路影響之大，自然也產生了好幾個鐵路巨頭，如范德比爾特、古爾德、亨廷頓、希爾、哈里曼，惡性競爭頻仍，引起融資的銀行家摩根不安，便透過兼併取得影響力，成立一家各巨頭一起參與壟斷市場的「北方證券公司」來穩定行業秩序，卻破壞了市場經濟，違背了美國立國主張的「公平競爭」和「機會均等」價值觀，逼得當時總統老羅斯福不得不推出反壟斷措施來瓦解鐵道惡勢力，影響所及，肉類、菸草、石油等各行業托拉斯紛紛瓦解；日後聯邦貿易委員會（簡稱FTC）和司法部反托拉斯局正是針對此等「不公正的商業行為」成立，譬似今日針對臉書、亞馬遜與谷歌的反托拉斯調查等等，故說今日消費者在享受麥當勞的同時，才能有漢堡王、溫娣等多種選擇。

但說鐵路的沒落是反托拉斯法或商業競爭所致又不然，實則是創新的迭代——二十世紀初，福特T型車的普及化與萊特兄弟帶動航空業急速發展。再印證這數十年來的商業巨變，皆是新需求新商品新技術、或新商業模式所致，並非市場競爭造成，這是對商業世界很必要的一種理解。

之2 —— 巧遇「德蕾莎修女」

少年愛迪生在火車上賣報期間，正逢南北戰爭，便展現了商業洞察力和生意頭腦——每天先到報社排版間查看大標題，決定進報份數，更留意有沒有重大死傷新聞，若有，便請底特律站電報員發訊息給各站寫在公告版上，再批更多份數來賣，這個商業模式的關鍵是，知道世界發生了什麼事與訊息傳播，讓愛迪生產生了當電報員的念頭，也讓他對媒體影響力有了初步理解。

過不久，愛迪生找到市場缺口，買了一部二手印刷機，徵求列車長同意，在行李車上印行鐵道週報：《大幹線先鋒報》（*The Grand Trunk Herald*，每份三美分），專門刊登大報不屑一顧的沿線小站地方新聞、班車時間、雜貨行情、失物招領，甚至幫鐵路工人招攬帶貨機會等，為此聘請各站電報生蒐集訊息，但編寫、發行、廣告就自己一手包辦了，拼字和文法自然錯誤百出，後來因八卦得罪人被丟到河裡才停刊。

往休倫港途中，我們特別在克萊門斯山站（Mt. Clemens Depot）停駐，眾知愛迪生在此學習電報。這裡是他人生的轉捩點。原本閒置的車站已活化成鐵道博物館（Michigan Transit Museum），由志工輪值照料，可惜沒什麼物件可看，渴慕者需要調動一些想像力和傳說才能略抓要旨：一八六二年夏末，有列火車進站，愛迪生看到幼童在鐵軌上玩耍，急奔過去抱走。原來是站長的三歲兒，為了答謝愛迪生，站長便教他如何收發電報。

學習期間，愛迪生即展現出一些小聰明，譬如在電報機上安裝空罐子擴音，人在屋外也可聽到電報進來的聲音。

十六歲起愛迪生成為「流浪電報員」，第一份工作便往加拿大安大略省史特拉福（Stratford）車站做夜間電報員，可沒多久就出事了。調車辦公室臨時有狀況呼叫不到他，一查才知愛迪生為了打瞌睡，竟然設計了一個定時發報裝置應付「定時查勤」，不得不捲鋪蓋走人，折返美國，先至路易斯維爾擔任西聯電報員，之後輾轉辛辛那提等中西部大城，但他為了得到更多時間閱讀、做實驗、打瞌睡，總是要求夜間勤務。

稍後，我們至車站附近一家燒烤店午餐，牆上掛了一幅德蕾莎修女，一聊，才知店家來自阿爾巴尼亞，以阿裔的修女為榮；然馬其頓亦聲稱修女出生在首都斯科普里，生活十八年，故主張她是馬其頓人；有趣的是，修女本人自認是「加爾各答的德蕾莎修女」。

當店家得知我至此尋訪愛迪生，建議我哪天也可以去斯科普里追尋「少女德蕾莎」足跡，臨別還跟我分享一則德蕾莎修女語錄，大意如下：「我是上帝手中的小鉛筆，思考和寫作在於祂，每一件事都是祂做的，但其中有一些實在很困難，因為這枝鉛筆已被折損，祂必須把它削得更短才能繼續使用……上帝使用我這枝小鉛筆，寫一封愛的書信給這個世界。」我將這個旅途拾穗視為上帝的啟示：將這趟旅程寫出來。

之3——愛迪生的耳聾真相

有關愛迪生重聽耳聾的故事，最初說法是：蒸汽火車入站克萊門斯山時，愛迪生正在印報，列車突然劇烈抖動，摔落了幾瓶易燃化學液體，瞬間起火燃燒，雖然立即撲滅，列車長氣急敗壞摑他耳光，將他與實驗室、印刷機通通丟到月台……

後來愛迪生又修正記憶：當列車停靠史密斯溪站（Smith's Creek Depot），他下車販售報紙，沒留意到車子啟動了，匆匆趕上去，列車長伸手一拉，卻抓在耳朵上……

為了駁斥「打耳光」傳聞，愛迪生有好幾次公開感謝列車長的善意，允許他在車上賣報紙、做實驗、印報紙。然根據傳記作者推測，重聽可能來自小時候猩紅熱引起中耳炎所致，因為愛迪生曾在日記上自述：「十三歲以後再也沒聽過小鳥歌唱了。」

我先後去了兩次史密斯溪鎮，沙塵瀰漫，相當荒涼，沒找著車站遺跡，晃了半天才從郵局打聽到，這座傳奇車站（前身是一八五八年的郵遞站，一八六五年變更為車站）早就被汽車大王福特買走、重置在「福特博物館」。

在鐵道黃金時代，人們的長途移動主要仰賴火車，車站是居民寄取貨物與收發電報、新聞的生活中心，像愛迪生這般遊走於各地火車站的「流浪電報員」順應而生，同時也誕生了一種以跳車方式遊走各地、名為HoBo（可能源自於homeward bound，往回家路上）的鐵路流浪漢，傑克．倫敦有本小說《鐵道生涯》（*The Road*）對這些「美式吉普賽人」有很深刻描述：

我上了一節裝著各種木材的平板車，爬進一個舒服的角落躺下來，腦袋底下墊了一卷報紙。天上的星星多如牛毛，一閃一閃地眨巴著眼睛，星空下，火車正爬過高坡。我望著滿天繁星，不知不覺睡著了。這一天過去了——我無數日子裡的一天。明天是新的一天，而我依舊年輕。

通過這一段文字畫面，火車載我離開了現實，但我帶著某種樂觀，我的生命即將轉換場景。

之4——風景再好看也比不上食物好吃

真遺憾，愛迪生車站博物館尚在休館中，雖然直奔市府找主管溝通，希望通融一下，畢竟遠道而來，可館方仍堅持五月二日才開放，因為一開門就要啟動暖爐和各項設施，非同小可，為此我找到一個下次再來的理由。

抵達當天也發生了一件插曲。開車往超市時，一不小心竟轉入往「藍河大橋」美加邊界的線道上，硬著頭皮跟海關說明原委，將車子移到緩衝區，兩個波麗士大人前後包抄，要我下車趴在車蓋前，讓他們搜身——這種警匪片畫面又被我遇上了，還鉅細靡遺檢查車子，或許聞到我有東方毒販的氣味。按我經驗，波麗士大人搜身多數時候不是在找什麼東西，而是在找麻煩。

隔天一大早，我不敢掉以輕心，設定好導航機，通過藍河大橋海關前往史特拉福，此後公路一路延伸至天際，田野空曠無垠，可能是尚未冒出綠意的玉米田或大豆田，這種一成不變的公路景觀，會無聊到讓人漸漸失去感知能力而昏昏欲睡，加上車內暖氣催眠，須不時開窗灌入冰冷空氣提神，未及晌午便睏倦地停歇在一個愛德華・霍普式公路小餐館，但在如此荒僻之地，竟意外吃到幾天來最美味的一餐：香煎休倫湖黃鱸，令我心情雀躍。

旅行就是這樣，有時候趣味不在於目的地，而在於途中的遭遇與感觸，或只是一尾煎魚，就像貝加爾湖最令我懷念的是炭烤歐姆魚。對我而言，風景再好看也比不上食物好吃。

位於安大略省西南的史特拉福，於一八三二年仿莎士比亞故鄉「亞芬河畔史特拉福」（Stratford upon Avon）建城，還營造了一座莎翁花園，栽培數十種莎士比亞戲劇提到的花卉，如玫瑰、勿忘我、紫羅蘭、迷迭香。最初知道此城是因為歌手小賈斯汀成長於此，但此行主要目的是，踏查十七歲愛迪生當電報員駐守的大幹線車站，磚造兩層樓，已列為國家遺產名錄，雖然也查出愛迪生當年租屋地——想必已改建和位移，還是去瀏覽一下，是一家診所。就當是追尋魅影吧。

在休倫港時，我也曾試圖尋找少年愛迪生故居，按文史工作者查考，應該位於「愛迪生海岸」（Edison Shores）的面海別墅區第四、五棟之間，當然，必須調動一些想像力去審視。

之5——開啟科學天賦的母親

翌年六月，我再度來到休倫港，愛迪生車站博物館業已開張，愛迪生的發明展示、紀錄片與一些互動裝置就不提了，比較有趣的是，館方拉來一台真實的行李車廂，布置成少年愛迪生的流動實驗室和報紙印刷間。

其他布展也有可觀之處。比如小愛迪生母親如何培養他的閱讀興趣，看到列舉的書單，如：《魯賓遜漂流記》、《鐘樓怪人》、《撒克遜劫後英雄略》、《羅馬帝國興亡史》、《天路歷程》、狄更斯作品……以及通俗百科全書、自然與實驗哲學……天啊，在他那個年紀，我在幹什麼？真令人汗顏。

一八五五年秋，八歲的愛迪生入學，不堪強迫式教學，又頑皮，愛提問，被牧師校長嘲諷「臭蛋」（addled），令其自尊心受損，僅三個月便不想上學了。只好由母親充當「家庭教師」，意外開啟了他的科學天賦，九歲跟著書本做實驗，十歲把地窖弄成化學實驗室——咸信博物館展示的化學瓶罐挖自其故居遺址，養成動手實驗找答案的一輩子習慣。

但愛迪生不改好奇本性，竟唆使玩伴喝下他調配的氣泡水，想試試肚子脹氣後能否像氣球般浮起來，差點鬧出人命，少不了又一頓皮鞭。

就在愛迪生名震天下後，有天突然收到一封信：「相信你還記得多年前在休倫港就讀過我和太太開辦的學校。你的父親手頭很緊，因此我也未曾向他催討學費。我今年七十七歲，已經從牧師職位上退休，聽說你現在很有錢，或許你樂意補償一些。」這位「臭蛋」大方地附上二十五美元回覆牧師。

愛迪生應該慶幸有一位偉大的母親了解他，相信兒子具備豐富的想像力和不凡的思考力。就在參觀當下，靈光一閃：何不追尋南茜呢？

正當愛迪生在紐瓦克創業方興未艾之際，突然接到母親過世（一八七一年四月九日）電報，他有三年未返家了，竟來不及見母親最後一面。

我不禁尋思，愛迪生功成名就後，對母親應該有所紀念吧？一問，館方答覆「南茜女士葬在湖邊墓園（Lakeside Cemetery）……」，問明方向，即刻奔去。到了墓園，我的天，成千上萬墓碑，讓我蹉跎了好一會兒；幸好遇到割草工人，告訴我墓園大致按姓氏字首序排列，但也摸索了一陣子才尋到E字區，找到一塊刻寫

EDISON字樣的巨岩，果然是愛迪生家族墓園，南茜（Nancy Edison, 1810-1871）的平板墓碑赫然在目，左側是愛迪生父親山謬爾（Samuel Edison, 1804-1896）……

旅人站了一會兒，突然心裡有一些悸動，又趕回鎮上買了一朵康乃馨，放在愛迪生母親墓碑上，作為委託旅行之意義。

童 年 時 期

米 蘭
M i l a n

復刻愛迪生童年房間及搖籃床。

追尋愛迪生
童年時期：米蘭

尋找發明家的童年祕密

之1——家有過動兒——孵蛋的小孩

當我們從休倫港南下，前往愛迪生誕生地——俄亥俄州伊利湖畔的米蘭，突然想到，這一路追尋愛迪生的旅程，因飛航轉機的考量，竟然成為「從墓碑到嬰兒床」的倒敘旅程，讓我聯想到一部費茲傑羅小說改編的從老年活成嬰兒的電影《班傑明的奇幻旅程》。

抵達後，發現愛迪生誕生的老家竟然狀況甚佳——這棟兩樓層磚造屋是愛迪生父親山謬爾從加拿大逃亡美國落戶後，在一八四一年臨休倫運河所蓋的住家，此時米蘭正以中西部小麥集散地和出口港欣欣向榮，山謬爾順勢留下來做伐木生意，妻子南茜也帶了四個孩子從加拿大過來團聚。數年後，一八四七年四月十一日，生下第七個孩子——老么湯瑪斯．阿爾瓦．愛迪生（Thomas Alva Edison）。

應該慶幸愛迪生大姊瑪莉恩有遠見，早在一八九四年就把老家買回來，一九〇六年由愛迪生接手，家人才能於一九四七年愛迪生一百週年冥誕時作為愛迪生誕生紀念館（Edison Birthplace Museum）開放給大眾參觀，探索一個偉大人物的童年生活。

像愛迪生家這樣的老建築，在米蘭比比皆是，可能因排斥鐵路經過導致整個地方沒落，至今仍保存在十九世紀的時光膠囊中，離紀念館沒幾步路的米切爾歷史區（Mitchell Historic District），便有許多棟老建築被指定在歷史古蹟名錄上，用來展示十九世紀美國家庭的日常生活。

導覽過程，大家對臥室的木製嬰兒搖床倍感好奇，真的以為愛迪生曾躺在裡面，我想家具應該都是後來添購的道具，因為米蘭沒落後，山謬爾的木材生意隨之慘澹，不得不舉家搬到休倫港另謀生路。

但我最感好奇的是，二樓起居室那只大掛鐘，傳記中提到山謬爾教訓小愛迪生的柳條鞭就藏在大鐘後面。據保姆（表姊）回憶，童年的愛迪生任性、頑皮，常做出一些令人困惑的麻煩來，有次為了了解「火是什麼東西」，竟在家裡拿乾草起火，差點燒掉房子，若火勢蔓延整個村子可能付諸一炬，山謬爾不得不對他抽鞭。

還有著名的「愛迪生孵蛋」故事。小愛迪生看到母鵝在孵蛋，母親跟他解釋母鵝正準備孵出小鵝來，他有樣學樣也在穀倉搭一個巢，收集了幾粒雞蛋，趴在上面等著孵出小雞來。人就這樣失蹤了，等父親找著他，並告訴他這個方法不行，他反問：「為什麼不行呢？」問到父親快抓狂，以為生了一個傻兒。幸好有母親不厭其煩地開導他的好奇心。

「請問山謬爾鞭打小愛迪生的那條鞭子還在嗎？」此人顯然熟讀愛迪生傳，導覽故作姿態瞇眼往大鐘後覷看：「誰偷走了？小愛迪生嗎？」哄笑一堂……

從愛迪生「罄竹難書」的童年舊事，有人分析，愛迪生或許有今日醫學稱為「注意力不足過動症」（俗稱「過動兒」）症狀，才會出現類似行為規範障礙或學習障礙的「異常」行為。

在隨後的閒逛中，我在公園發現一座「南茜陪小愛迪生閱讀」雕像，小愛迪生的眼光飄向遠方，顯然心不在焉。從這個觀點來看小愛迪生在休倫港入學的「不受教」便不令人意外了，「家有過動兒」的愁煩無奈有誰能體會呢？

之2——參觀粉絲開的古董店

廣場旁有一家以INVENTION為名的餐館，在門口放了一件愛迪生立牌，牆壁也張貼了好幾張愛迪生舊照。此店以蛋料理和馬鈴薯料理為主，不知何故，我竟然出現小愛迪生式提問而有了一次奇妙的對話：

「如果愛迪生來，他會點什麼？」

「那要問他了，我怎麼知道？」店家大笑。

「那妳會推薦他吃什麼？」

稍後店家端給我一盤「特製漢堡」：煎炒薯條，疊上幾片烤雞肉和切達乾酪，淋上白醬，再覆蓋雙荷包蛋。泛泛之食，頗符合發明家不講究吃食的個性。

值得一提是，閒逛時意外遇到一家古董店（Sights & Sounds of Edison），有隻小白狗塑像看門，一看便知是勝利唱片商標「尼波」。進了門更驚訝，滿屋子都是寶。店主唐與寶比（Don&Bobby）這對老夫妻顯然是愛迪生迷，不只收藏眾知的發明項目，還有不少有趣的物件，比如愛迪生晚年使用的手杖；更難得是，唐專門修理愛迪生留聲機，也能製作木質大喇叭。

「聽說福特先生有收藏一支裝著愛迪生死前最後一口氣的試管，可真？」我請教唐。事實上，我也曾問過福特博物館，巡守員聳聳肩說不知道就走開了，可能把我當作尋他開心的「臭蛋」。據云福特認為人的靈魂會隨著死前最後一口氣離開身體，便委託愛迪生家人用試管捕捉好友生前的最後一口氣。果真，禁錮的靈魂豈不可憐？

「有此一說，但我以為是無稽之談。」唐微笑說：「愛迪生先生不相信靈魂說，不像特斯拉喜歡裝神弄鬼……」他人的信仰我無從置喙，但我曾讀過愛迪生簽署的一份聲明：「我相信在宇宙中有位無所不在的至高智慧者。」（I believe in the existence of a Supreme Intelligence pervading the Universe.），在米蘭廣場亦有座紀念愛迪生的聯合衛理公會教堂（Edison Memorial United Methodist Church）。

當唐得知愛迪生迷遠道而來，順手拿了一罐愛迪生圓筒唱片致贈，但她已有好幾罐，又轉贈我，讓我得以透過它留住記憶。我很高興接受這個賄賂，因此宣布：這家店和愛迪生誕生博物館是來米蘭絕不能錯過的兩個地方。

四月天徜徉在米蘭小鎮，追尋小愛迪生的頑皮童年，不禁想起電影《真善美》修女們形容好動的瑪莉亞所唱：「天上的浮雲如何把它留在地上？／海裡的浪花如何把它釘在海灘？／天上的月光又如何把它抓在手裡？」

用來形容過動兒也非常貼切，他們是浮雲、浪花、月光，說不定也是未來的愛迪生。

流浪電報員時期

辛辛那提
Cincinnati
+
路易維爾
Louisville

以河床石刻寫的「勵志石」。

治癒的旅行

之1——吃貨旅人，在路上

旅行的本質，即追尋，但相較於追尋結果常常帶來的失落感，「在路上」似乎更加有趣，往往不知不覺擴大了自己的知識邊界。這種追尋過程猶似貝克特《等待果陀》揭櫫的「等待」本身才是意義所在，而非不可測度的果陀，明白了這個本質，人生的許多荒謬就迎刃而解。

如同在辛辛那提追尋「電報員愛迪生」，雖然找到他常借閱圖書的俄州機械學院（辛辛那提大學前身），卻非當年舊址舊貌，若要「憑欄生逸想」豈不荒謬？

又如同遊走跨越俄亥俄河（密西西比河支流）羅布林吊橋與越萊茵區（Over-the-Rhine），追尋愛迪生昔日生活蹤跡，自然也有幾分荒謬感。前者建於南北戰爭後，連結俄州和肯塔基州，一過橋就進入通俗說法的美國「南方」了；後者是德國移民區，尚存數百棟磚砌歷史建築和幾間劇院。愛迪生與同僚常來此喝啤酒，接觸一些文化生活，例如到劇院觀賞他最喜歡的莎翁悲劇《奧賽羅》——因疑妻不貞導致情殺的情節，這種病態性嫉妒後來被精神科借用，稱為「奧賽羅症候群」。

辛辛那提是座富城，我所知便有寶潔、克羅格超市、梅西百貨、美國金融的總部在此，但與旅人何干，我想找的是在地人自豪的飲食，如辛辛那提辣醬（Cincinnati chili），堪稱全美知名的地方口味。據云市區有三百家辣醬店。但有別於我在德州吃的牛肉塊辣醬（Chili con carne），此地改用絞肉，添加了番茄、豆子、辛香料如肉桂、巧克力一起燉煮，通常作為墨式捲餅（Burrito）、康尼、義大利麵澆頭，以捲餅為例，上桌時還會撒上乳酪絲、酸奶油、洋蔥丁等。先不說各地口味不一，同一城市也會為了加不加豆子、番茄醬、正宗與否爭論不休，但我自忖隨著各國移民入美，口味本來就會變異，例如本地名店SKYLINE主人來自希臘。有一說，辣醬是從墨西哥流傳到德州，更有可能源於殖民者帶去的地中海風味肉醬之變奏。可惜我對辛辛那提辣醬的印象不是它的滋味，而是許多客人狼吞虎嚥吃得滿臉花的模樣。

此外，我也吃了一家百年老店格雷特（Graeter's）冰淇淋，宣稱以獨創的濾壓壺製程（French pot process），做出空氣含量不到二十五%的冰淇淋，口感扎實綿密，味道香濃，令我魂都飛了。

再往路易維爾，似乎更陌生了，但倘說肯德基炸雞總部在此又熟悉了，既來之，豈能不嚐？

就試試世界僅此一家的新概念店KFC eleven（強調炸雞的十一種香料祕方），主打原味無骨脆雞、三明治、丼飯、六種風味醬，我當然吃無骨脆雞——狀似士林豪大雞排卻沒它好吃，也少了吮指趣味。

到國外若只看風景名勝，不去觀察、理解、體驗當地生活型態，旅行便會索然無趣，若想了解什麼是多元文化，最直接的方式莫過於去吃不同族群的餐桌，了解他們與我們之間的口味差異，也是一種旅行樂趣。

抵達路易維爾，剛好碰上每年五月為期兩週的「肯塔基賽馬會」。晚間至酒吧，正猶豫要喝什麼，酒保突然開口：「Here is Kentucky!」隨即倒了一杯波本威士忌給我：「Free for you.」，惹得周遭馬迷大笑，待我搞清楚狀況，才知道肯州以波本威士忌聞名美國。稍後某位馬迷又推薦我金屬杯裝盛的Mint Julep——原來此地賭馬前有喝一杯「薄荷朱利普」的習慣，說會帶來好運，Why？可惜沒人能給我答案，大約又是「傳統的發明」。有一說要在台灣找到一種能勾起「美國記憶」的味道，就是這款雞尾酒了，但美國太大了，任何說法都會失真。如果餐飲界能取經為大樂透、威力彩發明類似「吃好運」的飲食傳統，或可創造一門大生意。

之2——是句點，也是另一個啟程的開始

出乎意料，電報員愛迪生在一八六六年旅居路易維爾的租屋處（今名Thomas Edison House）竟能保存至今，館方將他的臥室兼實驗室兼書房的樣貌重現，另兩個房間展示眾知的愛迪生發明，比較有趣的，是一些「愛迪生牌」小件電器，如霓虹燈、電熨斗、電動縫衣機。

愛迪生在市中心西聯電報房工作了一年，雖然月薪高達一百多美元，卻身無分

文——都拿去買實驗器材和圖書了（典型的投資自己）。此時愛迪生十九歲，夢想成為摩斯那樣的發明家，開始摸索電報機的改良，腦袋也不時滋生構想，但缺乏資金，借不到錢買設備，沒什麼成果可言；加上過於專注研發，怠惰職責，以致工作難保，終在一八六七年秋黯然返休倫港老家，令體弱多病的母親為其困境擔心。幸好友人及時在波士頓為他找到西聯電報員工作，但時值嚴冬又一文不名，連車票都買不起，好巧不巧大幹線鐵路電報線損壞了，請他協助修理，才能以工換票前往波士頓赴任，可一邊打工一邊做實驗；最終不得不辭掉工作，成為到處借錢的窮發明家，連基本的生活開銷都應付不來。

這種困境我不是不明白，因為我也正在努力思索下一步，但我真正的困境至此已非中年被迫轉業的哀怨與愁煩，而是如何與自己和平相處，又如何奉行「**以恩慈相待，存憐憫的心，彼此饒恕**」（以弗所書4:32），這個饒恕與否的爭戰過程才是最艱難的煎熬，最後只能暗自戲劇化地把自己想像成到處旅行的保羅，祝福那些逼迫我的人。旅行的治癒力，莫此為甚。突然間這場旅行不再是旅行，而是人生的一個生命階段。

既來之，乘船遊河，麥克風聒噪地指出兩岸景致……鐵橋……大鐘……造船廠……水塔……老實說，沒啥特別——美國歷史太短，兩個世紀就是全部歷史了，還不如這艘明輪式蒸汽船的趣味，它就像時光機，淌著河水聲和氣味，載著我緩緩駛入委託旅行的尾聲，此刻天邊彩霞如火，突然想到一個愛迪生面對變故的故事：

一九一四年冬，威斯特奧蘭治實驗室突然大火，一發不可收拾，六十七歲的愛迪生趕至，卻見他平靜地觀看火舌閃舞，還轉頭跟身旁的兒子說：「**快，快去叫你媽來，恐怕一輩子也見不到這樣的場面。**」災後不久，愛迪生又重建了今日所見樣貌。

返航後，我在碼頭商店看見一盤以河床石銘刻的勵志石——Hope、Wisdom、Healing、Strength、Imagine、Vision、Health、Success……我覺得那可能是某種徵兆，心中不禁油然升起一種豁然開朗的治癒感。至此委託旅行畫上句點，但我卻沒有旅行結束的感覺，反而覺得像是要啟程，我略有所悟，我已經踏出「死蔭的幽谷」，正站在人生另一個階段的開端，有一個全新的世界正等著我。

Part 2 意外的旅程

旅程無非兩種，

一種只是為了抵達終點，那樣生命便只剩下生與死的兩點；

另一種則把視線和心靈投入沿途的風景和遭遇中，

那麼他的生命將會豐富無比。

——米蘭·昆德拉《生命中不能承受之輕》

阿米許駕駛的四輪箱型馬車。

追尋旅行故事

飛機上
＋
旅途中

旅行的有趣，從來不是抵達，而是在過程中的種種「遭遇」。

我想要「有一些遭遇」的旅行

當我還有些文青時，曾在米蘭．昆德拉《生命中不能承受之輕》讀到一段頗有共鳴的文字：「旅程無非兩種，一種只是為了抵達終點，那樣生命便只剩下生與死的兩點；另一種則把視線和心靈投入沿途的風景和遭遇中，那麼他的生命將會豐富無比。」

但，台北紐約的夜航，豈有「風景和遭遇」可言，除了閱聽機上娛樂、吃喝拉睡、讀本書，還能做什麼呢？

運氣好的話，有幾部好片相伴，比如此行觀看的《白日夢冒險王》，描述一位老是出神做白日夢的上班族華特．米提，面對職涯突如其來的變革，勇敢地跨出去成為不一樣的人，片中好幾首配合劇情唱出來的歌，如拱廊之火（Arcade Fire）的〈醒過來〉（Wake Up）、大衛·鮑伊的〈太空怪談〉（Space Oddity）、荷西·岡薩雷斯（José Gabriel González）的〈走出去〉（Step Out）、獸人樂團（Of Monsters And Men）的〈髒爪子〉（Dirty Paws），支支動聽，扣人心弦，都是那種人生受傷時會想用來激發「原力覺醒」的歌。

但片子再好音樂再棒，機艙也很難成為電影院，因為機艙不是「一個地方」，缺乏風景和遭遇，它只是交通工具而已。與鄰座絮語雖可視為遭遇，但耳膜和周遭乘客恐受不了。若可能，我寧可在大白天搭機，向《旅行的藝術》作者狄波頓學習如何在大家視為平常的景象中尋找「遭遇」，例如「與一朵雲擦身而過」，用餐時「有白雲同桌相陪」，請容我狗尾續貂：「掬片浮雲當餐巾」，上咖啡時「舀些白雲打奶泡」……「有時候不免覺得最精緻的旅行還是想像」，狄波頓說到我心坎裡了。

旅行多了，漸漸體會「遭遇」的可貴，所以走陸地海關永遠比空降海關來得有趣。旅行的有趣，從來不是抵達，而是在過程中遭遇的各種摩擦產生的挫折感、幸福感和意義感，以及可能帶來的「連連看」趣味。例如將途中洞察到的社會現象放進《格列佛遊記》中，找到對應的人或政黨，但我的經驗是，對應他國皆不如對應島內現況來得有趣。

有沒注意到，《愛麗絲夢遊仙境》與《綠野仙蹤》如同《格列佛遊記》皆建構在一連串的遭遇，才有了精彩的旅行故事。

在機上，突然想到，每次赴美都會跟波麗士交手，不知這一次又會擦出什麼火花？

之1——與美國波麗士交會的火花

記得最早一次公路旅行，往賓州蘭卡斯特探訪阿米許，竟至夜幕低垂才發現油表到底，只好夜宿路旁；沒料到半夜警車鳴笛查探，才知隨意停車過夜乃違法行為，便帶我們至最近營區，直到天亮才問路加油。昔時美國公路旅行憑藉的是美國汽車協會發行的AAA地圖，有時需要問路，偏偏阿米許地區問路不易。

另有次陪友人載嬰兒至超市，竟與來車擦撞，雙方各自岔出車道轉了幾圈才煞住，對方先過來關切嬰兒狀況，問我倆是否受傷，再返車上靜待救護車送醫檢查有腦震盪否，而驚嚇過度的我倆被警車載回做筆錄，要我當證人。三十多年前的往事了。

還有次，從路邊停車格開出來，後面來車硬是不讓就擦上了，啊，新跑車！車主氣呼呼叫波麗士來，沒想到先開他一張罰單，說我閃燈移車了，為什麼還硬闖？

再有次在紐約布魯克林大橋拍攝《時報周刊》年度泳裝專輯，被騎警開罰單——因總編輯以其多年闖蕩美國經驗，認為無須申請拍攝許可，身為執行製作只好跟在馬屁後面去繳罰單；接著往奧運主辦城亞特蘭大，女記者M被黑人糾纏，指控她歧視。波麗士來了，看我很努力用破英語跟那位仁兄溝通，「她第一次來美國嘛，看到陌生人靠近就會驚慌……」說詞合乎情理，雙方碰拳擊掌道別。當然，不能怪M，初履美國就遇上勾搭，嚇得花容失色，但她日後證明自己是個狠角色，做出好幾則驚天動地「深喉嚨」報導。這個小插曲讓我感觸良深，被壓迫者明知道地位大幅好轉，不思在各個領域努力提高自己的價值，動輒以歧視之名控訴，欺壓比他更劣勢的族裔，這才是今日「種族問題」癥結所在。

又有次在新墨西哥州往聖塔菲，在無人煙的休息站如廁，忘了拔出車鑰匙，車門扣的一聲鎖了，不知等了多久，巡警來了，使用鐵絲鉤子插入門框，一拉就開鎖。不知他如何做到的。

這些與波麗士的遭遇，讓我的旅行有了鮮明的個體記憶。如果缺乏遭遇，旅行有可能只剩下群體記憶。對我而言，旅行猶如書寫，應該是開創，不是臨摹或複寫。

故說遭遇，從某個角度來說，也是「風景」，卻不是驚喜連連的「錫蘭式際遇」，多的是倒楣。

之2——一場書呆子的旅行

此外，還有什麼是我的「風景」？

如果從《易經》觀卦「觀國之光，利用賓於王」（據云是「觀光局」名稱由來）這個「古代旅遊」觀念來看，就是觀瞻風土民情取得借鑑的人文旅行，如今，「觀光」卻只剩下表面意義的消遣，難道旅行意義已磨損殆盡？

舉凡遇到的陌生人與對話，不經意看見的一個舉動，不小心聽到的一句話，路過的小地方小市場小吃店，路上的好運與倒楣，觀察到的社會現象，可否視為有意義的風景？又追尋某個人的「人生軌跡」，穿梭在他的「人生風景」之中，這些引號可否也視之？

還有，旅行引起的思考，算不算風景？在我認知，旅途中產生的「觀點」，有時候比「風景」更值得記錄。

事實上，旅行寫作若按大作家大旅行家保羅・索魯所言「自傳體裁的一個次要形式」，那麼內容還要發掘自己內心的私密。故真正的旅行書寫，往往會透露出旅人自己的故事。

過去我曾追尋好幾個文豪與博物學者的蹤跡，這一次卻是發明家，但本質是一樣的，途中不停地叩問與思辨，擴充想像的邊界，修改從家鄉帶來的偏見，一旦走到沒有旅行想像，我的旅行就結束了。

就像近年用商業力量、手機攝影與社群分享一起創造的「目的地」，無論是「虛擬遠方」的商業景觀，或僅是某家名店的飲食體驗或空間體驗，對我而言，那是逃離苟且的 escape，一種「偽旅行」，不是真正的 travel，兩者間最大區別就是，有無移動式遭遇，沒有孰重孰輕之分，只有認知與價值觀的不同，只有結果迥異的體驗。

就說這次追尋愛迪生，通過十來本傳記、一些網路搜尋來有待驗證的資料，以及進行各種理解得來的想像就出發了，企圖用「經歷一本書」的方式旅行，心情頗似二〇一三年電影《里斯本夜車》男主拾得一本書和一張車票就出發了，不知不覺就成了一場時空交錯的奇特敘述，如同各位讀到的夾敘夾議，沒有地理尋奇，沒有文化品嘗，只寫我看見的、聽見的、發掘的愛迪生，以及一些些旅行的遭遇，說是「書呆子的旅行」亦不為過。

因此，作為一種改變自己和教育的前提下，我想要「有一些遭遇」的旅行。我一直這樣期待而不停地旅行著。

追　尋　摩　斯

莫里斯敦
Morristown

博物館提供摩斯電碼練習器，讓客人了解電報運作。

另一種電的旅程：摩斯電碼基地

之1——前往電報誕生地

在紐澤西追尋愛迪生途中，我亦不停地過濾網路資料，抽絲剝繭，往往撿到意外的線索或機緣，例如一八八三年一月十九日率先支持愛迪生、安裝白熾燈系統的小村莊羅塞爾（Roselle），就在伊麗莎白港區附近，愛迪生選擇該地安裝白熾燈應有其考量，可能該鎮還停留在煤油燈時代，尚未安裝煤氣燈。然令我驚訝的是，建於一八六八年的長老會教堂猶存——一組愛迪生安裝的三十盞白熾燈泡吊燈架懸掛於玄關，既知，豈能不去瞻仰「世界第一座電燈教堂」呢？

可抵達時卻見教堂緊閉，正欲抱憾離去，教堂祕書伊蓮來了，在她導覽下，才知裝燈之舉是為了呼應《聖經》典故「Let there be light」（創世紀 1:3）——話說耶和華創造天地之初，世界混沌黑暗，便說「要有光」，自此之後才有了白晝與黑夜。

接著，按伊蓮指點，興奮地轉往「電報誕生地」——史匹德威爾史蹟村（Historic Speedwell）。因為伊蓮聽到我們在追尋愛迪生，聯想到摩爾，才有此意外的旅程。另一種「電的旅程」。啊，我愈來愈喜歡這樣的「錫蘭式際遇」，給我一種不知接下來會發生什麼事的感覺。

原來此村是摩爾的贊助人兼助手維爾（Afred Vail）的家族宅邸和鐵工廠，位於莫里斯敦，仍維持著水車磨坊轉動的十八世紀風貌。由於摩斯在一八三七年取得專利，兩人便於次年在廠房內架設電報機、拉了三公里長的電報線做實驗，趁機向公眾展示電報的神奇，並以首封電報「耐心等待者必定成功」（A patient waiter is no loser）明志。

再次提一下電報的原理。

偉大的愛因斯坦這麼描述：「有線電報就像一種尾巴很長很長的貓，你在紐約拉一下尾巴，在洛杉磯那頭便會喵喵叫……無線電報的操作也一樣，你這邊發訊號，他們那邊收訊號，只不過沒有那隻貓而已。」

這個妙喻頗為傳神，電報便是讓電流時斷時續產生電波訊號，編碼成點或線，再通過不同的排列順序來表達對應的英文字母、數字與標點符號，用以拍發訊息的通訊模式，即「摩斯電碼」。但有一說，電碼與其相關技術是維爾的發明，用以換取未來電報專利權收益的四分之一，後來又改為八分之一，但維爾後人不滿維爾失去電報「共同發明者」的角色。

之2——美國進入電訊時代

任何新科技的實用化，皆需仰賴多種新技術的累積，其實是一個演進過程。比如摩斯電報機還要有電磁鐵、繼電器等多種裝置支持，遠距離傳輸才成為可能，便看現場展示的電報機雛型，笨拙龐大，與我們認知的愛迪生當電報員時使用的簡易電報機有著天壤之別，可見離商業化還有很長的坎坷路要走。

下一步，城市與城市間的測試，就需要巨大支持了。摩斯和維爾向國會申請三萬美元補助，擬興建一條華府至巴爾的摩的電報線，拖了兩年才撥款，等到一切就緒，已是一八四四年五月二十四日了。在國會大廈中，摩斯坐在眾人圍觀的發報機前，忐忑不安地向四十英里外巴爾的摩火車站，拍發出人類史上第一份長途電報：「耶和華為他們行了大事。」（詩篇 126：2）。此時電報機每分鐘僅可傳送三十個字母，但更大的意義是，改變了人們聯繫的方式，美國就此進入電訊時代，創造了許多新行業新公司新職位，例如電報員；又如一八五一年成立的西聯電報（Western Union）趁勢茁壯，在一八六一年開通了東西部電報聯絡，成為全美最大電報公司，那一年十月，西部片常見的驛馬車快遞服務走入歷史。

但此時的電報系統尚有不少技術瓶頸，比如在同一條線路、同一時間內只能傳送一個信息，超過負荷，電報便會癱瘓。為了解決這些問題，西聯鼓勵發明家提出改善方案，意外激盪出許多新技術新發明，例如愛迪生留聲機、貝爾電話，可見萬事都是互相效力的。

令人意想不到的是，在互聯網時代，摩斯電碼仍在使用中，以長短訊號方式呈現，光訊或聲訊皆然，譬似車燈閃滅、船的信號燈、鏡子閃爍、鳴笛聲、敲擊聲、電話振鈴次數等等，不一而足，洋溢著諜報戰趣味，前文不是提到愛迪生使用「碰觸」來談情說愛嗎？還有更傳奇的，越戰期間有位遭北越擊落的飛行員丹頓（J. A.

Denton Jr.，關了八年才被釋回，曾任參議員），被迫在鏡頭前認罪，卻透過眨眼用摩斯電碼拼出「TORTURE」，控訴越方對戰俘的不人道。

之3——電報在中國的發展

趁機交代一下，電報在中國的發展。

就在電報發明三十年後，台灣爆發了牡丹社事件，清廷緊急派遣船政大臣沈葆楨來台籌辦防務，為了軍情聯繫，奏請架設府城、旗后、安平之間的電報線路（一八七七年），讓台灣成為中國最早引進電報的地區。

待一八八五年劉銘傳來台巡撫，在大稻埕六館街（今南京西路北段）設立電報總局，又拉了一條台北至基隆和滬尾乃至府城的南北線路（一八八八年）銜接舊有線路；同時也從台北至福州、馬公各拉了一條海底電纜（一八八七年），讓台灣電信網有了初步基礎。可惜繼任的巡撫邵友濂不知何故廢除了電報建設，直到日本治台才又啟動。

至於大陸的電報發展，則在台灣引進電報三年後，才由盛宣懷在天津創辦電報總局（一八八〇年），啟動電報事業。在〈電話的誕生〉（見93頁）裡，曾提及電報的威力在高陽小說《燈火樓台》有極生動的描述，敘述盛如何利用電報整垮紅頂商人胡雪巖……透過閱讀，我竟然覺得自己也參與了那場諜報戰。

回程，沿帕塞伊克河徐行，此河從莫里斯敦湖區流經紐澤西州西北，又急轉東南至紐瓦克附近出大西洋，途中在派特森（Paterson）形成大瀑布，由二十多公尺高斷層傾洩而下，雖然氣勢不及尼加拉瀑布，卻予人一種洗滌感，這就是大自然最珍貴的意義吧。

追尋福特

底特律
Detroit

收藏於福特博物館的門羅帕克愛迪生辦公桌。

旅人的罪惡感

之1——到「全美最危險城市」吃熱狗堡

「全美最危險城市」——這個媒體和統計數字塑造出來的標題，讓我們在底特律不敢掉以輕心，除了幾個按傳記查考出來的愛迪生足跡——已作為餐吧的大幹線車站、遭棄置的密西根中央車站、底特律公共圖書館舊址，幾乎沒有觸及他處，只敢開車繞一繞。某些區域宛若鬼域，蹂躪痕跡猶存，即使略有市況的街頭，人三三兩兩呆坐，無所事事，眼光不知飄向何方，實在很難以想像「汽車之都」落魄至此，我甚至在心中演練「有人搶劫要怎麼應付」的橋段，所以身上總帶著數十美元現鈔（備搶）和幾張一元鈔（施捨），道理如同漫遊需帶點吃的——以防瘋狗攻擊，好歹能肉包子打狗。若以為「身上沒有錢」便能打發搶匪，無疑是激怒他們訴諸暴力最有效的方式。

但我們仍品嚐了底特律人自許甚高的Coney Island（熱狗堡）。昨晚旅館酒保還針對我向他打聽的：「如果只能吃一家，你會吃哪一家？」幫我做了現場調查：「哈囉，大家聽著，這位台灣朋友在問，有誰知道哪家Coney最好吃？」答案此起彼落，有：American、Lafayette、Grandy's、Zeff's、Onassis、Detroit One、J & J諸多推薦。我選了最古老的美國柯尼島熱狗堡（American Coney Island，創於一九一七年）。

據云熱狗堡源起於一八六七年紐約市柯尼島，某位德國移民麵包師費爾特曼（Charles Feltman）以手推車販售熱麵包夾炭烤法蘭克福香腸，每份五美分，一時蔚為風行，單日竟可售出四千條熱腸，故Coney亦成了熱狗代名詞，散布全美，澆頭也因地制宜出現多種版本，細節各異，不外乎番茄醬、黃芥末醬或辣醬，以及碎切洋蔥、醃黃瓜之類的各種組合。

順帶一提，龐克教母佩蒂·史密斯追憶青春往事，其一便是跟攝影家男友羅柏搭地鐵至柯尼島吃納森熱狗（Nathan's）看海，其時費爾特曼已歇業，但接續的納森卻將熱狗堡發揚光大，每年國慶日還舉辦大胃王大賽，目前已是十多個國家、五萬五千家門店的熱狗帝國。

之2——在底特律遇見非裔陌生人

第二次再來底特律，一個人，心情輕鬆多了，不僅至百年歌劇院Fox Theatre看了一場愛爾蘭踢躂舞——這樣我才不會因時差睡著，也在潮流店林立的市中心晃蕩，還買了兩份Coney外帶至廣場公園，坐看人來人往，不時有遛狗者、單車騎士、慢跑聽音樂者擦身而過，似乎沒有人云亦云的那種恐怖氛圍，感覺上市中心正透過「文青化」與「縉紳化」消除魔咒而復甦中。

「先生，我很餓，能不能給我幾塊錢買食物？」有個人冷不防地閃到我面前，差點讓我的吞嚥哽住。

「你知道，我是背包客……如果你不介意，紙袋裡還有一份康尼和可樂……」

「我可以坐你旁邊吃嗎？」

「這個座位不收費，請坐！」我故作鎮定狀幽了一默，於是有了一些交談。原來這位非裔仁兄失業已久，與家人擠在市區一間破公寓，過著有一餐沒一餐的日子，對於目前市區逐步都更美化，他不認為會帶給他們（弱勢居民）什麼好處，「貧窮者只會顯得礙眼，最後被迫搬走……」但他不怪我的無知，只是氣憤填膺：「如果想要市區重建，應該先給我們工作，改善我們的生活；如果不能改善我們的生活，那就別來煩我們，讓我們自己想辦法……」這個觀點令我情緒波動，不得不重新審思都更的方式和目的。

過去我一直以為文青化或縉紳化是活化街區的有效手段，但到頭來只是為了美化一座城市、圖利少數外來住得起吃得起的特定族群嗎？如果都更能幫助貧困者參與到社會分工，他們還會反對都更嗎？

然而，旅人發掘了問題又能如何，臭水溝愈挖愈臭，畢竟我只是路過、只是旁觀者；當然也是闖入者、窺視者、剝奪者、盜竊者（獵取影像或偷取交談者的思想），只能帶著英國小說家普里切特（V. S. Pritchett）所謂的「旅人的罪惡感」揮一揮衣袖默默離去，就像靜觀生態世界的適者生存遊戲。

一般咸信底特律的沒落，要歸咎於汽車業萎靡不振、人口外流、官員貪腐、治安敗壞，等等，最終引爆二〇一三年的市府破產至今，目前似乎只能透過房地產商一個又一個區塊的改造，但失去了包容力和多樣性，底特律還會是一座自詡的創意城市嗎？

「我不指望你了解，但你是好人，與我分享食物。願上帝祝福你，祝你有一趟奇妙的旅行。」握手道別時突然問：「Thank you的中文怎麼說？」

我不清楚他所言的可信度，但遇到陌生人跟你侃侃而談一座城市的未來，就是一種奇妙際遇，在底特律所見所食，皆遠不如他揭示的事實來得有意思、有啟發性。

意外的旅程

追尋福特：底特律之2

這一生想留下什麼

之1——美國夢的極致——拜訪福特故居

老實說，我很感謝那位與我分食康尼熱狗、對我曉以大義的仁兄——感謝他沒動我歪念，感謝他為我點出都更的傲慢，更感謝他告知我汽車大王還有棟鮮為人知的文藝復興式磚瓦住家（目前為私人宅第）——還是去看了，但沒有叩門。

福特和克拉拉夫婦在一九〇八年入住後，因T型車大獲成功，不時引來媒體與求職者群聚，不勝其擾，乃於一九一六年搬至迪爾伯恩占地一千三百英畝、擁有湖光水色的森林區，仿英式古堡興建的石灰岩主屋名為「Home of Clara and Henry

Ford」，擁有五十六間房（包括一間為愛迪生夫婦預備的套房），戶外還有車房、馬廄、船屋，以及一座愛迪生為福特安裝的直流電發電廠。後來福特捐出許多林地給密西根大學迪爾伯恩分校。

可惜主屋整修中不得其門而入，乃轉往占地八十七英畝、位於聖克萊爾湖岸的福特獨子埃塞爾和伊蓮諾夫婦住家，名為「The Edsel Eleanor Ford House」的英式鄉村莊園，兩樓層的砌石主屋有六十間房，須由解說員帶領——以免我們看不出屋內古董的價值連城。先不說印象派名畫（多捐給底特律美術館，改掛複製品）和歐洲皇室家具，我所見中國古董便有漢代酒器、明代彩釉瓶、康熙紅釉觀音尊，任一件恐怕都超過建築費用本身（三百二十萬美元）。

我們在一樓走逛了路易十五裝飾客廳、古籍圖書室、工作室、藝廊、面對晨曦的早膳起居室、餐廳、餐後休息室；再逛二樓的臥室、更衣間、浴室、娛樂房，再下樓看純銀廚具廚房、鮮花房、洗衣房、溫水泳池等；續至曲徑園林和草原，穿行玫瑰花徑、水塘、幾何花園；最特別的，園林中還有一棟福特夫人克拉拉送給孫女約瑟芬的七歲生日禮物——說是扮家家酒的遊戲房（Play House），卻是一棟不折不扣的都鐸式迷你豪宅，屋內家具皆按其尺寸打造，包括化妝間、床鋪、衣櫃、廚具、抽水馬桶等，讚嘆之餘，突然想到導覽之始，曾提到汽車大王如何追求人生的成功，冷不防地有人插嘴：「如何追求成功？出生時挑對父母！」這是美式幽默嗎？

「請問需要多少僕役來照顧這個家庭？」我問。

「他們請了三十五位僕役，外加一位男管家和一位法籍女教師。」

上述兩座福特故居，最終皆作為博物館開放，只需少許入場費，即可窺視二十世紀初美國夢之極致，然我最懷念一刻，卻是坐在後院湖濱草坪上，望著碧波蕩漾水鳥紛飛的大湖，喝一杯自己手沖的咖啡，突然想到香奈兒說什麼來著：「**生活不曾取悅我，所以我創造自己的生活。**」

之2——福特時代：如果買不起福特，就甭想結婚

趁機在此回顧一下福特T型車。在一九〇八年成功上市後，一九一三年又有了突破性發展，率先將屠宰場肢解動物的傳送帶啟發的「流水裝配線」概念應用在汽車生產，開啟了機械化生產時代，讓汽車普及化，創造了所謂「福特時代」。這

種流水裝配線，讓T型車從過去每二十二小時十八分鐘生產一輛車，降到一小時三十三分鐘；到了一九一四年每二十四秒鐘就能出廠一輛，年產量高達七十三萬輛，成為世界上最大的汽車公司，每輛車售價也從最初八百五十美元降到兩百六十美元，至一九二七年結束生產，T型車總共出廠一千五百多萬輛。

提到量產，突然想到賓士汽車共同創辦者戴姆勒，曾預言全世界汽車需求不會超過一百萬輛，因為沒有足夠的司機可以駕馭這麼複雜的機器，說法如同昔IBM總裁華生：「全球市場只需要五台電腦就夠了」、微軟總裁巴爾默：「iPhone不可能得到多少市場份額的」——可見預測未來多麼困難，一句預言流傳千古卻是多麼容易。雖然我們很難「預測未來」，卻可以「預備未來」，這是企業經營者對未知風險（如黑天鵝事件）的一種管理。遺憾的是，有些經營者連已知風險（如隱藏成本、機會成本）都感受不到，往往呈現一種冀望下一把的「賭徒心態」。

更巨大的影響是，福特在一九一四年將工人日薪提高至五美元、將每日工時縮短一小時，回應了一八八六年五月一日芝加哥工人罷工要求的八小時工作制（美國迄一九三五年才予以法律確立），讓中產階級迅速增長，成為移民嚮往的富裕社會。

但「成也蕭何，敗也蕭何」，福特T型車的巨大成功，導致福特固守這個成功模式，拒絕推陳出新，給了對手可乘之機，雖然在一九二七年發布新A型車力挽狂瀾，到了一九三三年已然落後通用和克萊斯勒了。福特創造了中產階級，卻忽略中產階級已經不再滿足於簡單耐用的基本需求，他們想要更舒適、更多變化的車款，甚至貸款、擴張信用也在所不惜，與福特一向主張的「一手交錢一手交車」大異其趣，逼得經銷商不得不投靠對手。

從福特汽車廣告「如果買不起福特，就甭想結婚」（You Can't Afford Marry, If You Can't Afford A Ford.），便知福特的人生哲學了。

這個故事聽起來似是重蹈愛迪生留聲機覆轍之翻版，企業的命運最終都敗在創辦人的頑固不化和殘酷的市場現實。福特因兒子早逝，直到八十二歲才交棒給二十八歲的長孫福特二世——一九四五至七九掌舵期間，曾聘用行銷悍將艾科卡出任總經理，催生了名留汽車史經典車款「野馬」（Mustang），開啟福特汽車的全新世代，卻因經營歧見在一九七八年開除艾科卡，導致他轉進瀕臨破產的克萊斯勒。

但艾科卡不愧是行銷高手，善於掌握未來趨勢，在一九八一年推出「休旅車型」（Minivan），讓克萊斯勒戲劇性起死回生，被視為美國汽車時代的化身。

然而，企業家的一生不是由事業的成功與否斷定，而是由其「這一生想留下什麼」來審視。雖然艾科卡創造了「反敗為勝」傳奇，但福特卻留下一九二九年創立的「福特博物館」，向世人示範了什麼是比生命更長久的功業。

福特博物館：收藏改變世界的想法、創新和行動

之1——假期那麼短，美國那麼大

福特博物館入口有一個不起眼告示牌，寫著「Ideas and Innovations That Change the World」，昭告了汽車大王異於常人的價值觀——收藏改變世界的想法和創新，或說，讓美國偉大的想法和創新。

由於幅員遼闊，館方規劃了五個主題區：美國創新館（Henry Ford Museum of American Innovation）、格林菲爾德村（Greenfield Village）、大螢幕體驗（Giant Screen Experience）、福特觀光工廠（Ford Rouge Factory Tour，流水線生產源於此

廠）、福特研究中心（Benson Ford Research Center），方便訪客各有所好，囿於時間和體力考量，我只能帶愛迪生迷參訪前兩者。前者為主館，藏品上百萬件，走馬看花也不可能窮盡；後者占地三十二公頃多、蒐集了八十三棟歷史建築、農牧場、菸草莊園，還包括了兩千六百萬件輔助文物。雖然園區有專人駕T型車導覽代步，但走路更有看頭，走一趟下來大約打了一場十八洞高爾夫，讓我不禁興起英國桂冠詩人但尼生之嘆：「So many worlds, so much to do, so little done, such things to be.」是啊，世界那麼大，想做的那麼多，我卻只能完成一些，如同我的旅行之嘆：「假期那麼短，美國那麼大。」

我們先至格林菲爾德村「愛迪生工廠區」（Edison at Work），觀看他在門羅帕克時期的發明工廠、住家、員工宿舍、吹玻璃小屋、翻砂鑄模室等，皆從原址連根拔起搬到此地；搬不了的就複製它，譬如愛迪生和福特兩家人在佛州麥爾茲堡的避冬故居。

在工廠裡亦有精彩解說，比如最初的發條留聲機，先以金屬針將聲波刻在包有錫箔紙的蠟筒上，再讓金屬針沿著刻痕走，便有聲音從大喇叭播出來，雖說失真卻很有趣，但我更關注「愛迪生洞窟」——位於樓梯下方的儲藏櫃，據云是愛迪生躲債時趁機補眠的地方。

其他歷史建物，如傳聞報童愛迪生被打耳光導致重聽的史密斯溪車站、萊特兄弟故居和腳踏車店、詩人佛洛斯特任密大駐校作家住宅、林肯任律師出庭的洛根郡法院（Logan County Courthouse）等等，都是一塊一塊拆卸來此地重組，值得一提的是，後者拆遷時引起軒然大波，幸好福特承諾「整舊如舊」。

雖說格林菲爾德村展示的是一、兩百年前歷史建築，實際上也是人們日常生活之展示，故有工作人員穿著那個年代的服飾模擬虛構那個年代的生活；園區的吃食亦然，以老鷹酒館（Eagle Tavern）為例，從裝潢到家具、從服務員裝扮到餐具，全部仿一八五〇年代驛馬站，謂是傳統美式燒烤，圖片看起來分量十足，大約是農夫的食量吧。但我最終還是坐在「費雪夫人南方料理」（Mrs. Fisher's Southern Cooking）露天雅座歇腳，因為剛剛從前面的「麥迪遜之橋」（The Bridges of Madison County，一九九五年電影）——不，是類似構造的阿克利廊橋（Ackley Covered Bridge）走過來整理情緒……

「這裡安靜，民風純樸，適宜居住，一切都很好……」我記得女主角這樣說：「只是這裡沒有夢想。」此話放到職場、家鄉也說得通，沒有夢想的地方總有一種莫名的失落感。

幸好男主角給了答案：「關於古老的夢想，雖然後來都沒有實現，但我還是感謝我曾經擁有過它們。」正是這個答案，讓我明白，夢想的本質。

「一個人嗎？這裡有人坐嗎？」隻身旅行的好處，便是常會遇到這樣的陌生搭訕打斷你的獨處，再來就是一些「你從哪裡來」的屁話，但有時候也會有那麼一丁點意思的接觸。

「這家餐廳是按費雪夫人食譜做的靈魂食物，你不試試？」他大概看我只喝飲料不由得心生憐憫，想指點一個看起來愣頭愣腦的背包客：「你知道她是誰嗎？十九世紀的名廚耶……」

我看他的紙盤有碎香腸炒玉米麵包丁、燉菜、炸雞塊和玉米片，外加一片肉桂風味的地瓜派，我光看就飽了，或許真的能直指美國人靈魂深處，但我確信難以撫慰我的台灣胃；倘若是秋葵海鮮濃湯、小龍蝦燴飯、燉玉米之類的紐奧良克里奧爾菜（Creole cuisine）或卡郡菜（Cajun）就另當別論了。為了印證所言不虛，在他的堅持下，我取一片炸雞塊品嚐，麵包粉裹得很厚，吃起來喀嚓作響，真油嘴啊，我心想該抹嘴走人了。

之2——改變世界的拓荒精神

接著，我轉往門面仿若費城獨立廳鐘樓的美國創新博物館，入口處有愛迪生在開幕時留下的簽名水泥板，可見福特對大發明家的崇敬之情。福特創業前曾在愛迪生底特律電廠（也被收藏於此）工作，公餘便實驗汽油引擎車，雖然受到愛迪生鼓勵，卻不被看好，後者認為未來的動力是電力、不是汽油，但電動車一直停在只聞樓梯響階段，反而是福特率先在一九〇三年推出福特A型車——因附帶售後服務，獲得巨大成功；接著又推出福特T型車成為汽車大王。此後兩人相交相知，福特也經常支持愛迪生的實驗項目，譬如電瓶、橡膠輪胎。

若是浮光掠影走看博物館，最顯眼自然是交通工具的發展軌跡，包括完整收藏不分品牌的汽車史和蒸汽火車、早期飛機等，展示技術變革和工業化如何影響人們的生活方式，若加上「美國製造」、「農業器具」展區，以及許多個「第一」，如第一台點唱機、第一件女性胸衣、第一支熱水瓶、第一台電熨斗、第一部電話機……凡此種種，美國百年來的食衣住行脈絡在此都有跡可循。

以公路旅行帶動的美式汽車文化為例，便發展出福特汽車流水裝配線啟發的廚房快速供餐系統（以麥當勞店招代表）、車上取餐服務（得來速窗口）、汽車旅館（Holiday Inn店招）、汽車電影院等等，皆是美國人的集體記憶，也是改變世界的美國文化，謂是美國創新精神的延伸。

此外，亦有許多重大歷史物件，如一八六五年林肯總統在華府福特劇院被暗殺的座椅、一九六三年甘迺迪總統在達拉斯遊街遇刺的敞篷車。

更令人關注的，某些劃時代影響之平民英雄物件，譬似一九五五年羅莎・帕克斯（Rosa Parks）為捍衛非裔民權，拒絕讓座白人而遭逮捕時所搭乘的蒙哥馬利公車；非裔民權運動領袖金恩牧師推動人權平等的史料；實現人類飛行夢想的「萊特兄弟飛機」；林白飛越大西洋的座機聖路易斯精神號；又令我驚喜的，看到開啟南極洲科研的《獨自一人：南極洲歷險記》（*Alone*）作者柏德的南極越冬小屋裝備，啟發現代女性主義追尋自我的女飛行家鄂哈特……這些行動者證明了平凡人也能以一己之力完成人類的夢想來改變世界——亦即讓美國曾經輝煌的「先民拓荒精神」。今日美國能否重啟光榮，就看拓荒精神能否一以貫之了。

追 尋 阿 米 許 人

福爾摩斯
H o l m e s

買「阿米許風景明信片」替代掠奪式攝影。

追尋阿米許人：福爾摩斯

為阿米許重新貼標籤

之1——《聖經》的遵行者

為了讓愛迪生迷有機會觸及在電力之前的美國風貌，趁南下辛辛那提，我臨時起意繞道——可見旅人的方向難以捉摸，不若觀光有確定行程——穿越「聖經遵行者」阿米許人在俄亥俄州福爾摩斯郡的農牧區域，據二〇一九年維基百科記載，此地有十二個阿米許社區，約三萬六千多人，包括幾個最基本教義的老派社區如史瓦森魯伯（Swartzentruber Amish），略少於阿米許大本營賓州蘭卡斯特的四萬人。

阿米許人在現代美國是一種奇特的存在，雖然「謙沖自牧，以身示道」，卻因抗拒現代技術，比如說拒汽車駕馬車，造成時光膠囊般獨立於世俗世界；再說穿扮好了，幾乎都是同樣款式——男性著吊帶長褲、戴寬邊草帽，若已婚就蓄落腮鬍（但剃掉普魯士軍人象徵的八字鬍）；女性則著素色長裙外罩工作圍裙、戴繫帶頭巾帽，原意是過簡樸生活（Plain and Simple Life），卻成了「民族服飾」，反而招來更多好奇和偷拍，意外地帶動了阿米許區域的觀光業。

究其因，遵從《聖經》誡命所致，譬似上帝給亞當的第一條誡命「要生養眾多」（創世記1:28），所以每戶都生七、八個以上小孩，故能保持每年二到三%的人口成長率，遠高於全美的〇．五%。

「你們看右前方那間房子，有兩輛四輪箱型馬車，就是阿米許住家。他們擔心開車會讓人遠走他方，影響社區凝聚力，所以不允許開車，但馬車跑不遠，就只能代步而已。」車行連綿起伏的田野間，不時看到農舍穀倉，我跟車上的愛迪生迷指出阿米許住家特徵：「如果看到晒衣服，也可能是阿米許。他們不用電力，沒有一般美國家庭必備的洗衣機、烘衣機，廚房也沒有電爐、烤箱、冰箱……」這樣說有語病，我立即補述：「我說的是，不用發電廠賣的公共電力，實際上他們沒有抗拒電力，而是用社區教會認同的方式發電，所以也有洗衣機、冰箱，但會拒絕那些會帶來負面影響的電器，像智慧型手機、電視、網路、收音機……」

的確，已有不少報導提到某些阿米許社區允許自家發電，或可視為與現代科技的某種妥協，但非放諸四海皆準——阿米許並不像世俗教會有「黨中央」，而是由各個社區教會自行決策接不接受新技術，通常會審視它的副作用或後遺症，是否會破壞家庭生活與信仰，再討論出一種名為Ordnung（德語單詞，規範、紀律之意）——類似猶太人口傳律法之「教令」來指導日常生活。他們就像猶太教的拉比，不只是解讀《聖經》的字義含意，還會延伸到《聖經》沒有記載的事物、給予「使用說明書」，例如電力，該使用何種方式發電？用在什麼場合？什麼電器不違背教義？

在此列舉幾個例子——哈，我又想撕下約定俗成的認知標籤，為所見重新貼上標籤（已成為我多年來的旅行習慣），顛覆「阿米許不用電」的刻板印象。

· 有選擇地使用在某些場合，農作如拖拉機、割草機、電鋸、打包機，家用如照明、馬車燈。

· 家居多用煤氣燈、移動式立燈（底座是裝瓦斯筒的木箱），煤油燈和蠟燭都是外界的浪漫想像。

‧不使用不必要的家用電器，如電爐、烤箱、微波爐、烤箱、洗碗機，廚房至今仍用柴爐燉煮食物，就像縫製衣物仍用腳踏式縫衣機或手縫。

‧使用瓦斯發電，如瓦斯冰箱（利用氨當冷媒，燃燒瓦斯驅動冷卻循環，概念如同台灣古早的阿摩尼亞製冰機）、瓦斯洗衣機。

‧亦用柴油發電機，封閉式直流電系統，家中也拉電線和插座。

‧太陽能發電被視為上帝恩賜，用於熱水器、電池充電等。

‧普遍使用充電式電池，如手電筒、馬車燈。

‧也可能安裝電話，供緊急通訊用，但不能裝在屋內。（前文曾提過，貝爾電話的普及來自於家庭主婦聊八卦，才將這個新發明推廣出去。）

由於愛迪生對公共電力的推廣（始於一八八二年九月紐約珍珠街電廠），改變了美國人的生活方式，令阿米許將電力使用視為一種「與世俗世界連結的象徵」，為了與世俗有別，各社區本著誡命「不要效法這世界」（羅馬書12:2），在一九二〇年代紛紛下達禁電令，有些極端保守社區如史瓦森魯伯，至今仍嚴守教令，除了瓦斯洗衣機，尚未啟用上述發電方式和電器，他們認為農事不要機械化，才能遵守耶穌要求的「彼此相愛」（約翰福音13:34），讓大家互相幫忙；又電冰箱只會讓人需求更多，便用古法開採冬日池塘冰塊儲存冰櫃。

之2——以耶穌的方式在世上過日子

在車上，我也向愛迪生迷提及這個教派由來：源起於十七世紀末基督教再洗禮派門諾會（Mennonite，主張信仰自由，非出生即受洗，決志者才受洗），因瑞士牧師雅各阿曼（Jakob Ammann）不認同教會向世俗傾斜而脫離的一個支派，阿曼追隨者因而被稱為Amish，在十八世紀初受到推崇宗教自由的賓州吸引而大舉移民，再陸續散布到俄亥俄、印第安那等州。

雖說阿米許嚴格奉行《聖經》教誨，卻非常尊重族人的信仰自由，十六歲後可按自己意願決定終生過阿米許的《聖經》生活，或離開社區進入世俗世界當「英國人」（阿米許統稱外人English，如同《哈利．波特》稱不會魔法的人Muggle麻瓜）。在這個觀點上，阿米許顯然相信上帝賦予人自由意志願選擇所信，但接受後便要尋求上帝的律法，才能行在自由之中（詩篇119:44-45），很玄吧？非基督徒很難理解個中奧妙：人在上帝的律法及誡命中才能得到自由。

猶記得一九八五年在紐澤西讀書時，幾個同學看了哈里遜．福特主演、以阿米許社區為背景的電影《證人》，便相邀開車去蘭卡斯特一窺究竟——結果是個展示阿米許人生活的主題村，所見工作人員也非阿米許，而是門諾會。印象中導覽有提到阿米許的主日敬拜，沒有教堂，聚會就在某個教友家中的教會室，兩側各擺幾排長椅，讓男女分開、相向而坐，牧者站中間，不用任何樂器伴奏（因為樂器會讓人產生炫耀心），就開始用古德文唱聖歌講道了。

其實那次旅行最令我驚訝的是在主題村外，遇到一群阿米許小男生踢足球，雙方你來我往，沒有任何衝撞絆倒的刺激畫面，觀戰的人也沒任何加油聲喝采聲或噓聲，一點都不美國，乃因阿米許不與人爭，反對任何形式的競爭和暴力相向，甚至「連左臉都轉過來由他打」（馬太福音5:38），一切但憑上帝的旨意，打球就當運動健身。

在主題村匆匆一瞥，極易造成參觀者過度簡化了阿米許的信仰，就像起初我也覺得他們遵循《聖經》字面意義過生活荒謬得可笑，懷疑他們對《聖經》條文是挑選式的擇善固執，心想他們到底在怕什麼？會不會把虔敬之心擺錯了地方呢？譬似上述不使用電力之說。

還有不納稅之說。事實上，阿米許也要繳稅，如所得稅、財產稅、銷售稅，此乃配合耶穌所言：「凱撒的歸凱撒，上帝的歸上帝」（路加福音20:19），然經過協商，某些稅負如社會安全福利因放棄任何補助津貼而減免，可公共教育稅卻仍要上繳，即使他們就讀的是自己社區設立、不分年級一起受教的獨棟校屋（one-room schoolhouse），讀到八年級便輟學，他們認為學校知識夠用了。對阿米許而言，家庭和教會才是他們真正的學校，女生學烹飪裁縫，男生則學農作木工等生活技能，有些人也會外出打工或在農夫市集販售農產品，但最重要的是，依照《聖經》的教誨，以「耶穌的方式」在世上過日子。

以上就是我對阿米許「聖經生活」的一些粗淺認識，但二〇〇六年發生在蘭卡斯特郡鎳礦鎮（Nickel Mines）的阿米許校屋槍擊慘案，卻讓我真正了解什麼是「耶穌的方式」——十月二日上午十點多，一名槍手突闖進校屋，劫持了十名六到十三歲少女，釀成五人死亡、三人重傷後飲彈自盡，但裡面還有情節，兩位最年長的受難者竟要求槍手先對她們開槍，企圖換取其他女孩的獲釋，此舉令人動容，到底是什麼樣的內在才能如此勇敢呢？

還有，為了醫治凶手家庭同樣遭受創傷，受難者家人也前往凶手家安慰遺孀遺孤，也邀請他們參加葬禮，並要求大家不要憎恨凶手，還為他們募款，讓世人看到阿米許人如何以寬容處理人類至深的哀慟。這種將悲劇轉化成恩典的做法，超乎世俗世界所能領悟，顯然，阿米許人試圖效法耶穌在十字架上的方式：「父啊，赦免他們，因為他們所做的，他們不曉得。」（路加福音23:34）在這個例子上，阿米許人讓光照在黑暗裡，也為光做了見證。

之3——沒有臉孔的阿米許娃娃

說著想著，不知不覺駛入人煙稀少的鄉間道路，此時霏雨墨煙，空氣中飄著青草與牛糞味道，不時遇到阿米許馬車，彷彿時光靜止在十八世紀。可氣溫驟降，倍感飢餓，但阿米許區域常是一望無際的田野，所謂鄉鎮往往只是一間加油站、郵局加上超市和幾家小商店及餐館，我們打尖的阿嬤之家（Grandma's Homestead Restaurant）便位於這樣的小鎮，充滿魅力的恰姆（Charm），外頭還停了三輛阿米許馬車，但我已餓扁，先衝德國結（Pretzel）麵包店囫圇吞了一個。這款狀似僧侶雙手抱胸祈禱的麵包，透露了此地居民背景。

不出所料，阿嬤之家的午餐非常plain and simple，如濃湯、烤馬鈴薯、沙拉、三明治、鹹派、漢堡、捲餅（Wrap）；晚餐則豐富許多，有烤牛排、魚鮮和炸雞，宣稱皆以阿米許農產製食。我叫了菠菜捲餅，好吃，印證了我的旅行認知：任何地方，只要是阿嬤做的菜都很厲害。

「請幫我問問，可否跟她們拍一張合照？」我看到有兩桌阿米許女眷，便向女侍提出請求。

「那不太好，阿米許不拍照，也不喜歡讓人拍照。」她頓了一下，又說：「前面櫃台有賣阿米許風景明信片。」

「那我可以跟妳合照嗎？」她猛搖頭。我猜想她一定常遇見這些煩人的「英國人」。

「你們為什麼不照相？可否告訴我《聖經》哪個章節規定的？」話出口就後悔了，我忘了自己不再是記者，不宜咄咄提問，然而，旅人往往有某些記者本質，喜歡一再探問，我深感不安，又補充一句：「我對《聖經》有研究興趣。」這句話就像往井裡投石，靜默了漫長的數十秒才有了回應，原來犯了十誡第二條，也就是

「不可為自己雕刻偶像，也不可做什麼形象彷彿上天、下地和地底下、水中的百物」（出埃及記20:4）。再細查，才知拍照被視為虛榮、自負，會讓人分別美醜，說不定還會產生妒羨，違背了上帝造人之初衷：每個人都是獨一無二且有價值的個體。若對照今日流行圈和政治圈，大量的圖像宣傳莫不是為了鼓勵「偶像崇拜」？幸好也不盡然，不然就會錯過巴布．狄倫、李歐納．柯恩等長得不怎麼樣的歌手了。

結帳時我還是買了幾張阿米許圖片——不知攝影師怎麼說服他們入鏡，哈，或者偷拍來的？可惜阿米許不上網，不然便會看到一大堆相片在網路流傳，讓人不禁要問：上帝是否存在於網際空間？很巧，在我的隨身書佛里曼《謝謝你遲到了：一個樂觀主義者在加速時代的繁榮指引》（*Thank You for Being Late: An Optimist's Guide to Thriving in the Age of Accelerations*）剛好讀到這一段：「上帝總是隱藏著，想要上帝與你同在——不論是一個實體房間，或是網路上的聊天室，你必須透過你在這室中的行為，透過你的道德選擇和你做出的滑鼠點選，把祂帶到你身邊。」總之，阿米許就是用「良善行為」去見證上帝的存在。

店家亦賣果醬、乳酪、煙燻火腿等阿米許農產，還有阿米許手工木作和拼布被子，但我卻被幾個奇特的布娃娃吸引住。

「為什麼這些洋娃娃沒有臉孔呢？」

「阿米許娃娃。」女侍說：「阿米許不許製作有臉孔的洋娃娃。」不好意思再問《聖經》了，我猜想可能受到「上帝就照著自己的形象造人」（創世記1:27）這條誡命的規範吧。

「Only God can make people...」她又補上一句。

阿米許娃娃皆是手作，本來想買男女各一，看到標價手就軟了，幸好角落有一盞二手煤油燈待售，讓我得以表達謝意，那是近幾年我唯一買下的東西（通常旅人只帶走故事），作為「十個提油燈少女」（馬太福音25:1-13）之隱喻：「It's Time to Add Oil.」

追尋萊特兄弟

代　頓
Dayton

My Way——萊特兄弟的飛行夢

之1——旅行，只能隻身上路

再次來到底特律，已經不是別人和我的共同旅程（委託旅行），而是My way了，但我並非獨自一人，路途都是人，有旅客，有在地人，還有不時縈繞我內心的法蘭克．辛納屈歌聲……

關於旅行，我有一種獨處心態，最好是單槍匹馬，比較有時間和空間去留意周遭的變化，進行一些思考，也看清楚自己的本質，請容我借用魯迅「猛獸總獨行，牛羊才成群」來強調獨處的特殊意涵；但嚴格說來，我也不是一個人旅行，我有書陪伴，有作者的智慧分享，像此行隨身書之一是佛里曼《謝謝你遲到了》便讓我的旅途津津有味，尤其在大延遲的聯航班機上讀這本書時，空少看到書封：Thank You for Being Late，覺得很幽默，還笑嘻嘻地跟我借去給同僚看。的確，置身在加速時代，我們需要的是暫停、靜止、反思、重新想像，更需要的是一顆包容和感恩的心。

美國作家保羅．索魯曾評論旅行的結伴和獨行：「如果他們很好相處，他們會遮蔽你的視野；而要是他們很無趣，他們會用一些閒言碎語破壞沉默……打破你的專注。」其實我也喜歡結伴而行——與家人、與朋友度假（vacation），但旅行（travelling）則不行，只能隻身上路。

之前的委託旅行帶著愛迪生迷，從底特律、經米蘭、阿米許地區，再循七十號公路往西經哥倫布市南下辛辛那提，便多次看到萊特兄弟家鄉代頓（Dayton）路牌指標，想到多年前曾閱讀過的傳記主竟然就在不遠處，讓我心嚮往之，可惜愛迪生迷無心他顧，只好錯過。人生有許多「錯過」，我已經學會淡然處之，錯過就錯過。我很幸運能在一年多後便踏上嚮往之路，從底特律機場循七十五號公路往南，一路直奔代頓。

但沒料到，為了尋找萊特兄弟試飛的霍夫曼牧場（Huffman Prairie Flying Field），竟然兩次誤闖萊特—帕特森空軍基地，天曉得衛星導航怎麼辦到的，大門衛兵聽了我的迷途解釋，照例搜查全身與翻遍車子，確定沒有任何威脅美國國家安全的物品後，才顯露出人類善良的本性指引我如何前往——原來被包圍在基地裡。

之2——霍夫曼牧場與飛行者三號

先前，萊特兄弟為了取得風力助飛條件，一九〇一年起便在北卡羅萊納州外灘群島小鷹鎮屠魔崗（Kill Devil Hills）實驗一種風箏式滑翔機，研發出關乎操控性的三軸控制系統（three-axis control），並在一九〇三年三月二十三日申請了「為飛行機器而設計」的關鍵專利；再來是安裝動力系統（自製的燃油發動機）的動力飛行試驗，原型機即一九〇三年的「飛行者一號」（Wright Flyer I）。

接下來是歷史性時刻，十二月十七日，在時速四十三公里的刺骨寒風中成功起飛了，雖然只飛行了十二秒、三十六公尺；再試飛三次後，已經可以飛行五十九秒、兩百六十公尺了，開啟了航器載人飛行的新紀元，「飛機」於焉誕生。

復刻 1903 年飛行者 1 號。

這也是為什麼北卡的車牌會有「First in Flight」字樣與飛行者一號圖案，俄州有所不甘，便在車牌印上「BIRTHPLACE OF AVATION」字樣互別苗頭，爭取航空史上的首發位置。

故我在美國公路的駕車樂趣之一，便是觀看來往車牌，藉以了解各州引以為豪的、隱藏在車牌裡的美國歷史。

由於資金有限，無法長駐北卡試飛，萊特兄弟決定返鄉，很幸運地商借到霍夫曼牧場，進行「飛行者二號」實驗，完成載人航空器的首次盤旋飛行。

一九〇五年的「飛行者三號」，首飛即創造了盤旋三十九分鐘、三十八多公里的成績，後來又進行了五十次飛行，更加掌握了動力飛行的原理，確信飛行者三號可以上市了，故此地被認為是世界第一座「機場」。

霍夫曼牧場位於代頓東北方十三公里處，占地約〇．三四平方公里，現在是國家歷史地標，當我抵達時只見一片疏林與莽原，點綴著野花和鳥鳴，還有一條跑道，盡頭處便是復刻版的機庫和彈射器——因為此地沒有北卡外灘那種強風助飛，只好另建一台重力驅動的投射機，加快飛行者的起飛速度。大體而言，這裡仍是萊特兄弟當年所見地貌，只是少了牛馬，但我卻遇見一隻野鹿和一位持雙筒望遠鏡的賞鳥人。

「打擾一下，這裡有什麼鳥？」我躡手躡腳靠近。

「Bobolink。你知道女詩人狄金森嗎？這是她詩中的鳥。」說得真好，將鳥和詩聯結一起——我上網查了，說是「長刺歌雀」。賞鳥人說我「運氣真好」，不僅看見了也聽到了大自然的美妙歌聲，這無疑是難以言喻的旅行喜悅，彷彿遇見狄金森為我吟頌〈自然是我們所見〉（Nature is what we see）。[1]

接著鳥人又說了幾種這裡可見到的鳥名，皆聽不懂，算了，誠如物理學家費曼之言：「**知道鳥名還不如觀察牠在做什麼來得重要。**」這些美麗的小鳥，萊特兄弟可能習以為常，沒有引起任何啟發，不像在北卡特別提到海鷗、塘鵝和紅頭鷲的飛翔給了他們如何飛翔的靈感。

稍後，我駛往機場外丘陵地的「萊特兄弟紀念碑」，鳥瞰、想像霍夫曼草原一九一〇年五月二十五日的情景，萊特兄弟邀請親友和代頓鄉親來觀看他們的飛行展演，看他們在天空飛來飛去就像騎自行車一樣操控自如，又載上八十二歲的牧師老爸飛上青天，楬櫫《聖經》所言「**信是所望之事的實底，是未見之事的確據**」（希伯來書11:2）……萊特兄弟後來也在霍夫曼草原成立飛行學校，直至一九一六年停用，翌年由美國陸軍買下該地，在一九四八年擴充成今懷特－帕特森空軍基地，還成立「美國空軍國家博物館」，展示飛行者三號迄今的飛機發展史。

之3——飛行者三號登上月球

此行最令我更感動的是，美國只有兩百多年歷史，保存「集體記憶」卻是不遺餘力，這種透過集體記憶的保存，不僅可以創造新的傳統（說是「發明傳統」也不為過），藉以凝聚世界各個地方來的民族，形成地方和國家認同，譬似萊特兄弟舊居與腳踏車店，雖說建物本身被福特買走安置在福特博物館，但代頓仍將前者遺址圈示保護，後者則規劃為「國家航空遺址」，展示萊特兄弟製造的腳踏車與製作飛行者的相關設備。例如萊特兄弟自行打造的「風洞」，不怎麼起眼，卻很有效，在兩個月內測試了三十八種翼型（過程緩慢，如同愛迪生的試誤法），讓我們看到三個未受高等教育的工匠（包括打造發動機的機械匠），在沒有任何金援下，如何將飛行夢想打造出來，相形之下，那些拿政府經費和企業贊助的專家學者全部失敗了，可見「想法」的實現還是要仰賴工程師的「創造」，印證於愛迪生電燈、福特汽車都是如此，但到了今日，發明愈來愈複雜，恐怕沒有人可以像過去一樣宣稱自己是「發明家」了，現在是一整個研發團隊、甚至是購買技術的集創。

譽之所至，謗必隨之，有一批評說，萊特兄弟的專利訴訟阻礙了飛機的進展，但這種說法印證在摩斯電報、貝爾電話，甚至愛迪生為保護其專利提出的沒完沒了訴訟，也從未阻礙了科學的進步。可能因兄弟倆奉行父親的告誡「任何人所需要的金錢，只是為了避免自己成為別人的負擔」所致，但金錢報償和名聲本來就是發明家應得的酬勞。事實上，他們也曾說過：「只要投入心力追求知識而非權力，就會得到最佳紅利。」（摘自《萊特兄弟》（*The Wright Brothers*））

弟弟歐維遠比哥哥威爾伯長壽，在他有生之年，有幸看到好幾件航空史劃時代之舉，例如一九二七年林白飛越大西洋，返美後特地到代頓致敬；又如一九四七年噴射機突破音障；遺憾的是，歐維沒能看到一九六九年七月二十日阿姆斯壯登月帶上飛行者三號機翼上的一小片白布，還有什麼比這種致敬更浪漫更激勵人心呢？

離開代頓上高速公路時，法蘭克・辛納屈的〈My way〉剛好唱到：「I've traveled each and every highway / And more, much more I did / I did it my way...」（我走過了每一條大道／還有，更重要的是／我走自己的路）

是的，是的，這就是旅行的真義。

注

1 原詩為：

"Nature" is what we see –
The Hill—the Afternoon –
Squirrel-Eclipse—the Bumble bee –
Nay—Nature is Heaven –

Nature is what we hear –
The Bobolink—the Sea –
Thunder—the Cricket –
Nay—Nature is Harmony –

Nature is what we know –
Yet have no art to say –
So impotent Our Wisdom is
To her Simplicity.

中譯為：

「自然」是我們所見
是山林，是午後
是松鼠，是日蝕，是熊蜂
不，自然就是天堂

自然是我們聽到的聲音
是歌雀的叫聲，是海濤聲
是雷聲，是蟈蟈聲
不，自然是萬物和諧

自然是我們所熟知
卻又無言以對
面對它的簡單，我們的智慧竟是如此的乏力

追　尋　梅　爾　維　爾

皮茨菲爾德
Pittsfield
＋
新貝德福
New Bedford

鯨魚系列產品。

意外的旅程
追尋梅爾維爾：皮茨菲爾德

叫我以實瑪利

之1——直奔《白鯨記》的住家——箭頭農莊

「Call me Ishmael.」

車往麻州西部小鎮皮茨菲爾德疾駛，途中想起《白鯨記》第一章第一句，文學史上著名開場白之一，不禁啞然失笑，如果時光能倒流，高中老師分配每個同學英文名字時，我可能就會選以實瑪利，而不是大衛了。面對這些英文名字，年輕的小平頭自然不能理解背後的意義，就像其時讀新潮文庫的翻譯著作還需反覆咀嚼，才能有那麼一丁點似懂非懂。

以實瑪利——書中的敘述者，來自紐約曼哈頓，船難的唯一倖存者，是作者梅爾維爾借《聖經》中阿拉伯開基祖之名來隱喻敘述者的浪遊性格，道出人類為什麼自古以來便嚮往海洋，又說他為什麼想做捕鯨船水手——為了前往從未到過的新奇海域，所以說，看似相同的海面怎會都一樣呢？每個海域的顏色、鹹度、深度、潮汐、洋流、氣象和魚的種類都不一樣，各自呈現不同「風土」，就像陸地。

一個小時前，我還在往《白鯨記》第六章敘述的繁榮捕鯨港新貝德福路上，沒想到心念一轉就轉向了，這是一個人旅行的任性，直奔作者梅爾維爾昔日書寫《白鯨記》的住家——箭頭（Arrowhead）農莊。又一次意外的旅程。我沒有去探訪他躺下來的紐約布朗區伍德勞恩公墓（Woodlawn Cemetery），反而對他生前的寫作環境倍感興趣，因為那個環境多少會許會透露出一個作家的心態；譬似去詹宏志家吃飯，上桌前，你一定會情不自禁先掃描一下汗牛充棟的移動式書櫃書桌與廚房，甚至——若可能的話——還真想翻閱他做菜的筆記，看看每道菜的工序圖和完成圖，從某個角度而言，詹宏志做菜有時候就是他的「旅行報告」（我吃過宜一版葡菜）。

一個人的旅行，行程模糊，僅有機票是確定的，此行我先飛底特律，再飛紐約，預計從波士頓經洛杉磯返台；或許還有另一個確定：途中一定會「臨時起意」走訪一些地方，稱之「意外的旅程」也不為過。

原本從紐約往波士頓途中，心想總算可以在波士頓晃蕩幾天重溫舊夢，探訪久違多年的劍橋、漫步查爾斯河，順便追尋一下愛迪生和貝爾的蹤跡，結果是一波三折，計畫趕不上腦袋變化，又走上岔路了。對旅人而言，似乎很難與某個地方建立小王子所謂的「馴養關係」，因為他一直移動中。

但是，追尋愛迪生，怎會扯上梅爾維爾呢？

數天前在紐約再度踏查愛迪生珍珠街電廠遺址時，竟撞見梅爾維爾出生地紀念牌匾，讓我聯想到，美國使用電力之前是用煤氣燈、煤油燈照明，再之前則是鯨油燈，勾起我追尋梅爾維爾的動機。這也不是我第一次「離題」了，之前在法國也曾走上意外的旅程，往香檳區途中，臨時起意探訪《環遊世界八十天》、《地心歷險記》作者凡爾納故居。

沿著I-90州際公路西行，過了春田市後，連綿起伏的綠野猶如海面，令車行有乘風破浪之愜意；再取道二十號公路北上，穿過幾個新英格蘭小鎮——不禁想起早年留學生涯曾與同學車行楓紅似火的二號公路，而我便是在那一次水牛城經奧爾巴尼往波士頓的公路旅行中看到一輪又大又圓、比台灣月亮大上許多的橘紅色月亮。但新英格蘭真正之美，美在許多文學家出身這個地帶，如霍桑、梭羅、愛默生、梅爾維爾，讓這裡成為美國一塊熠熠生輝的「心靈地帶」。

之2——徜徉梅爾維爾，做個文學夢

抵達箭頭農莊後，屋前牌匾指出它的歷史價值和重要性，在一九六二年宣告為國家歷史地標，可見作家在美國是幸福的，會有人為他們懸掛牌匾，保存故居設立紀念館，成立學會研究他們的作品，追蹤他們的足跡，但梅爾維爾來不及看到這些，一八九一年去世時，社會大眾幾乎完全遺忘他的存在，直到二十世紀初，作品才獲得廣泛認可。

等到開館時間到了，六位來客跟著解說員兼作家賴茲先行參觀梅爾維爾昔日產業：穀倉、農具、幾棵據云親手種植的高大針葉樹；再進入主屋用想像力召喚梅爾維爾魂兮歸來：根據起居室、壁爐、廚房、臥室和書房，推敲他和家人當年的生活情景，懷想他的寫作生活。

・一八五〇年買下農舍整地時，挖出許多「箭頭」，故取名Arrowhead。

・寫作生活非常規律，八點起床，出門餵馬、切南瓜給乳牛吃。

・回房早餐，升起爐火、寫作……直至聽到敲門聲（預設的人為鬧鐘），下午兩點半左右，停筆，起身開門，外出準備牛馬的晚餐。

・在此筆耕十三年，與一些作家友人來往，包括小說家霍桑（代表作《紅字》）。

・雖有一、兩部作品成功，卻無法支撐家庭開銷，《白鯨記》印行第一年也只賣出五本，最後不得不賣掉農舍，一八六二年重返紐約任職海關；《白鯨記》直到出版七十年後才獲得文壇重視，被尊為世界十大小說家。

・致書霍桑：「激動我的心靈、促使我寫作的東西，我寫不成了，因為它無法支撐我的經濟，可不這麼寫，我辦不到。」（聽到這裡，不禁感慨，書寫令人清醒，但這種清醒有時與世界格格不入，以致寫作過程本身成了報償，本書會是這樣的下場嗎？）

・自費印行多本詩集，因為沒有出版社願意出版。

・最後一篇作品《水手比利・巴德》，透過一位天真水手被陷害致死的故事，

梅爾維爾二樓書房的寫字桌。

對善、惡與正義進行哲學性的探討，卻在死後三十三年（一九二四年）才得以問世，一九五一年被改編成四幕舞台劇，一九六二年拍成電影，佳評如潮。

在二樓書房的寫字桌上，陳列著鵝毛筆、墨水瓶、蠟燭、眼鏡、筆記本，也放了幾本他寫的書，以及復刻版手稿。我猜想，整間博物館最難策展的大概就是這張桌面了，整理得太整齊就不像作家書桌了，除非作家本人有潔癖。

故居紀念館不外乎為了紀念某人，有些物件可以保留物主的精神與魅力，有些則否，但我懷疑上述文物是梅爾維爾本人物品，可最重要的精神寄託還在，即寫字桌前帶給作者的遠眺和遐思的那扇窗。

從窗口望出去，便可看到格雷洛克山（Mount Greylock，一千零六十三公尺）從一片丘陵間拔起，宛如鯨魚從驚濤駭浪中冒出水面，可以想見冬日白雪靄靄時，更像激勵小說家創作的那隻白鯨，但不知這個想像是作者自己的想像，還是後人為其編織的傳奇？

導覽結束後，我坐到外頭書房下面的門廊，手沖咖啡，整理心情和筆記，也做一下我的文學夢，突然想起鄭愁予〈山外書〉裡的詩句，用來形容小說家的心情再恰當不過了：

我是來自海上的人
山是凝固的波浪
（不再相信海的消息）
我底歸心
不再湧動。

在 IN GOD WE TRUST 國度旅行

當我從皮茨菲爾德重返新貝德福時，該城竟以風雨雷電迎接我，令我不禁遐想，運氣好的話，我還可參加「討海人禮拜堂」（Seamen's Bethel）聚會，看看牧師是否如《白鯨記》所述，攀爬繩梯、登上船首的講壇，再用壓制大風大浪的聲音，講述先知約拿被大魚吞下肚三天三夜復返的奇蹟：

約拿因著國仇家恨，不願意成就神的旨意，傳福音給以色列世仇亞述帝國都城尼尼微，給他們悔改機會，便遁走海上，卻被上帝派大魚（抹香鯨？）將他困在魚肚中，幾經猶疑，終至醒悟，被吐回陸地，才勉為其難赴任，尼尼微因而免於毀滅……（約拿書 1:17）

這個舊約奇蹟後來被心理學家借用，稱為「約拿情結」，形容那些有才華、渴望成長卻因仇恨、忌妒而拒絕承擔使命的人。

這種人當「錫蘭式際遇」發生時會產生逃避心理，潛意識裡見不得他人成功，對他人的失敗也會幸災樂禍。

之1——每個人心中都藏著一隻白鯨

《聖經》的名字都有其意義，就像「約拿」字義是「鴿子」，有傳遞訊息的隱義。故說《聖經》這種充滿隱喻、預表的書寫方式，深深影響了西方文學，顯然也影響了梅爾維爾的《白鯨記》寫作，從書中人物借用的《聖經》人物之名便知作者意有所指……我在車上反芻著小說情節，行過百般無聊的公路。

例如「亞哈」船長，即借用了《舊約》中殘暴的以色列亞哈王之名（列王記上篇20–22章），象徵狂傲、無知、殘暴的國家領導人，當然，亞哈也可以是企業領導人，甚至人類本身，這種安排不就是一種預表嗎？

又亞哈船長內心充滿了仇恨，因而失去理性，罔顧一船人命去挑戰白鯨，不在乎大副斯達巴克這位貴格派信徒的忠告，終至船沉人亡，不也是一種預表嗎？

一本書之所以偉大，往往在於它的預言性與啟發性。有一說，《白鯨記》是善與惡的鬥爭、正義與邪惡的對決，但誰是善是惡是正義是邪惡呢？亦有一說，亞哈船長是人類不畏之心，勇敢航向未知、挑戰大自然的象徵；但我以為，《白鯨記》讓我們體認到，一個企業體或國家，若任由「亞哈船長」掌舵，將導致不可避免的混亂、凶險、甚至毀滅。

．想想亞哈船長，可類比當今哪位政治人物、哪位國家領導人呢？

．想想來自各個不同地方、不同種族、說著不同語言的人，共同生活的這一條船，又可類比哪個國家？白鯨又可類比哪一國呢？

有趣的是，影射的人物或國家，隨著時局與地方而變化，就像九一一事件後便有人將布希比擬亞哈，以賓拉登比擬白鯨作解，但今日可能又指涉某個領導人了。可見《白鯨記》是一部超越時代之作。

幸好，像美國、台灣這樣的民主政體，有個很可貴的選舉機制——常常選錯人，但可以一選再選，期待下一個會更好，但一不小心，這個人極有可能變成說謊者、煽動者、獨裁者。

從某個角度而言，民主（democracy）與煽動群眾的野心家（demagogue）根本就是同義詞。

再說到書中的唯一倖存者、敘述者以實瑪利，不也是借用了《聖經》：「唯有我一人逃脫，來報信給你。」（約伯記1:16）的典故？

還有「一波波劇烈長浪滔滔不盡，看似參孫睡覺時起起伏伏的胸膛」，也是借用《聖經》中以色列大力士參孫的魯莽來描述大海，似此等語之預表，不勝枚舉，故後人「以經解書」求其奧義，欲從中獲得某種啟示。《白鯨記》便是這樣安排了許多「預表」，讓小說情節充滿神祕感與緊張感。

故說在鈔票背面印著「IN GOD WE TRUST」（我們信靠上帝）[1]的國度旅行，如果對《聖經》內容沒有一些基本了解，便很難真正進入他們的精神領域。

撇開政治性解讀，閱讀者或許更應該思考：航行在人生的海洋，如果遇到「白鯨」，是否要像亞哈船長一樣無畏地去追逐、對抗、報復，抑或聽從斯達巴克（心中的理性）的忠告？

白鯨在哪裡？就在每個人心中、那片深不可測的暗黑海洋出沒。

之2——看「海德堡大酒桶」，嚐葡萄菜與喝馬德拉酒

一入城，我立即尋找梅爾維爾旅店（Merville B&B）——曾是梅爾維爾妹妹住家，不知何故，歇業封閉了。待售。我上網查了一下，說是建於一八五五年的法蘭西第二帝國風格建築，估價四十三萬美元。

稍後前往「捕鯨博物館」，竟然陳列下片不久的電影《白鯨傳奇：怒海之心》招牌與劇情，那是關於一艘捕鯨漁船於一八二〇年在南太平洋遭遇一頭二十四公尺、八十噸重超大抹香鯨攻擊後沉沒的故事，據云啟發了梅爾維爾《白鯨記》的靈感，在《白鯨記》第四十五章曾摘錄一小段該船大副對巨鯨的敘述：「身形令人感到驚駭無比，看得出來牠充滿怨念，怒火中燒。我們衝進鯨群之後，牠從鯨群裡直接游出來，因為我們傷了牠的三個同伴，牠好像與我們有不共戴天之仇……」電影一開頭便是一名年輕作家（暗指梅爾維爾的取材）到訪一家旅館的老主人——沉船後仍在世的最後一名倖存者，請他講述遭受巨鯨攻擊的船難經歷……

旅行所見所聞，如果能真實寫下來，日後說不定也會帶來有價值的預言性。我這樣想這樣寫也這樣期許。

這種巨鯨咸信是抹香鯨，梅爾維爾以「海德堡大酒桶」比擬其頭部，「鯨的大桶也藏著名貴的油，就是給人視為至寶的鯨腦，質地純淨，色澤透明，濃香撲鼻……在鯨活著的時候，它是純粹的液體；但鯨死後，它一碰到空氣，就立即凝結，發出美麗的芽狀結晶，像清水初凝為悅目的薄冰……」將血淋淋的解剖寫得像首詩。的確，多年前我在海德堡城堡見識過這個高七公尺、長八公尺、用一百三十多棵橡樹製成的超大酒桶，但我從未產生過文學思考，只是拍照留念。慚愧。

博物館自然不會放過這個宣傳機會，連結電影以廣招徠，但我的興趣是參觀鯨魚產品：鯨肉、鯨油（點油燈，亦可充當機件潤滑油）、鯨腦（製油膏，亦製蠟燭，無煙無味且明亮）、鯨鬚（某些種類鯨魚濾食浮游生物的角質化材料，可製成馬車鞭和仕女束腹支撐）、鯨骨（可製雨傘骨架），以及可遇不可求的抹香鯨龍涎香（從消化系統產生，珍貴香料，亦作藥，有化痰活血功效）。在十九世紀初，一個典型的新英格蘭家庭可能使用到上述幾種鯨魚產品。

眾知先民早期使用油燈照明，比如中國用菜籽油點燈，亦有豆油、芝麻油（香油燈）；西藏用酥油（從犛牛奶提煉）；地中海區用橄欖油；但在美國大多用鯨油，煤油煤氣是發現石油後的事。從某種意義上說，鯨魚可視為一口游動的油井。幸好燈用煤油取代了鯨油，捕鯨船逐漸成為歷史行業。

我來得不是時候，恰逢禮拜堂整修關閉，但從門縫可窺見講壇仿照船首樣貌，拾步三級階梯即上。有些可笑。我想得太浪漫了，竟將小說情節套用到這座禮拜堂，如今是禮拜堂跟小說借景，成為收取門票的史蹟。據堂方說法，梅爾維爾當捕鯨人時總是坐在角落臨窗的位置，與一些即將出海的捕鯨人一起聆聽牧師講道。

隔天在老街區晃蕩時，遇見了遊行，看到小朋友持著葡萄牙國旗、穿著傳統服裝慶祝葡萄牙節，才知此地頗多來自馬德拉島的葡裔移民。

隊伍中有位老先生問我「哪裡來」，我告訴了他，還提到我有多喜歡葡萄牙，尤其是法朵歌曲和大詩人佩索亞，頓時當我是老朋友般擁抱我。他也來自馬德拉島，問我知不知道馬德拉酒，還說這個節慶要舉行四天，值得我多留一、兩天，但我說明天就要離開了。

「你不喜歡我的城市？」老先生突襲我。

「喜歡啊，但我擔心會愛上它，就永遠離不開了。」趁他大笑之際，我趕緊另闢話題：「為什麼居民大多來自馬德拉島？」

「以前捕鯨船都會停靠馬德拉島補給啊，順便僱用在地人當水手，大家都知道我們很會抓大魚的，許多人就隨船移民這裡了……」他要拉手風琴遊街，沒辦法再聊了。

「鎮上可有好吃的葡菜？你吃哪一家？」想到葡菜，不由自主就像巴甫洛夫之犬流口水。

「當然是我的老朋友安東尼了（Antonio's Restaurant）。瑪莎史都華來也吃這一家。」他提到的名女人曾被媒體盛讚「最會賺錢的家庭主婦」。

「食物的分量都很大，給討海人吃的分量。」他的手勢比得像一粒籃球那麼大。太棒了，忘了誰說的，「人生兩大悲劇，想吃的吃不到，想吃的吃不夠」，啊哈，今晚是喜劇。

「記得要喝一杯馬德拉酒……」

未能免俗，當晚我吃了葡萄牙招牌菜炭烤鹽醃鱈魚和燉小圓蛤（Little neck），當然，還有馬德拉酒——這杯甜酒，讓我萌生一種觀光客般的滿足感，突然間明白刻苦旅行愈來愈難了。

注

1 曾有主張說美鈔違反宗教自由法——不是每個美國人都是基督徒，也不一定信仰上帝，欲廢除有基督教意涵的GOD字眼而上訴聯邦法院，但遭法院以GOD一詞實包含了各種信仰之神駁回。其實將鈔票全面印上GOD也不過在一九五五年才由國會表決通過，據云是為了對抗無神論的共產主義。

追　尋　梭　羅

鱈魚角
Cape Cod

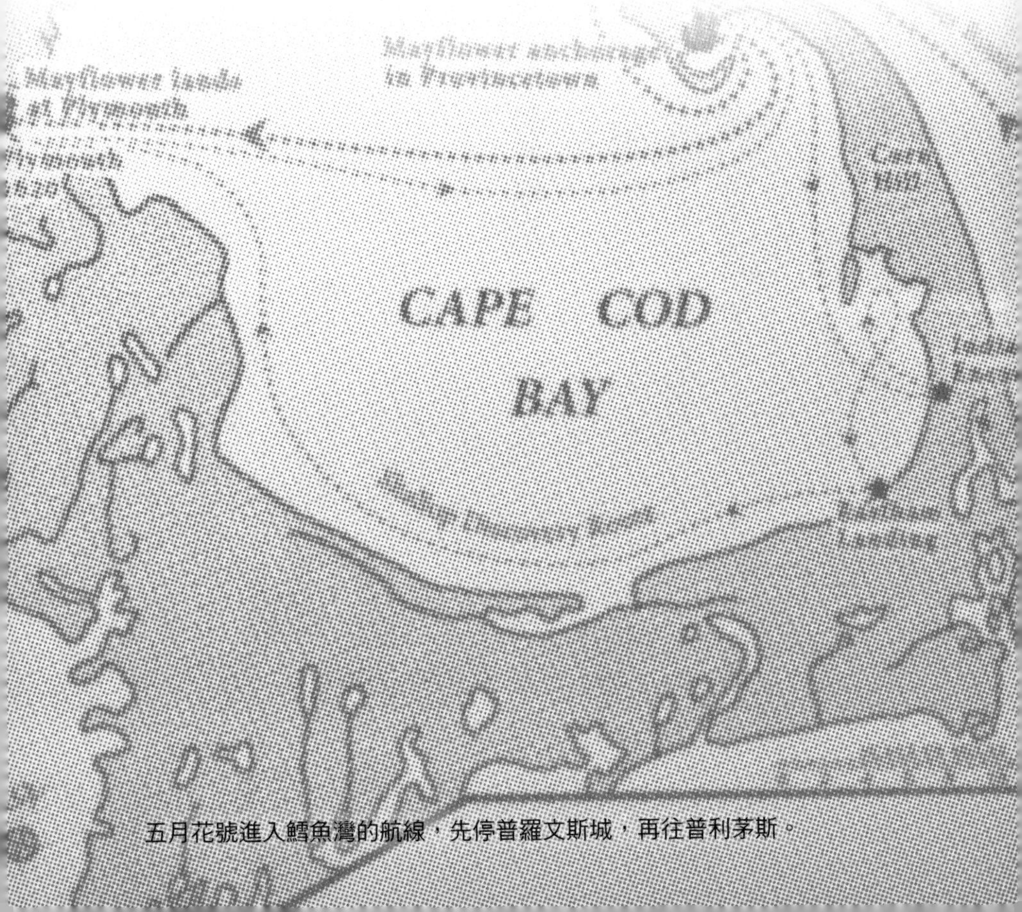

五月花號進入鱈魚灣的航線，先停普羅文斯城，再往普利茅斯。

站在鱈魚角，遺忘整個美國

之1——一個女人強悍，男人美麗的地方

車過薩加莫大橋（Sagamore Bridge），便進入鱈魚角了。

本來鱈魚角與本土相連一起，但為了縮短紐奧爾良和波士頓的船程，一九一四年開通了一條運河，連接以北的鱈魚角灣和以南的巴澤茲灣（Buzzards Bay），讓鱈魚角成為一座「島」。

我循六號公路往東、接近東三文治（East Sandwich）時，傳來警車鳴笛聲，從後視鏡看到車陣像紅海分開般讓警車穿過，我往右側靠，隨即發現警車咬住我的車

尾，慘了，只好閃方向燈靠邊停車，搖下車窗，雙手放駕駛盤，等候波麗士大人過來。

「證件。」一位壯碩大漢手按槍套熊步過來，在他嚴厲監視下，我慢慢取出背包裡的護照和國際駕照，他審視了一下說：「你知道這裡限速五十五英里嗎？你開六十三英里。」我苦笑無言。

「提醒你，過了丹尼斯（Dennis）會縮成雙線道，速限五十英里。」他可能看我面露愧色，竟然沒開單，把護照和駕照遞回時還酷酷地笑說：「歡迎到鱈魚角。開慢些。」大喜過望之下，我決定今晚要加菜，吃生蠔和龍蝦，為美國拚經濟，答謝波麗士大人的善意……

順帶一提，在美國公路若遇到警車Pull Over，必須處變不驚靠邊停車，不能解開安全帶，也不要在車內亂翻亂動，更不能擅自下車，絕對要等波麗士大人過來，在他指示下一個口令一個動作，讓他看清楚你的一舉一動，不然，可能會被槍指頭、戴上手銬，甚至被開槍（如果他覺得你對他有威脅），這不是危言聳聽，而是保命錦囊。提供各位參考。無論如何，這次攔截，讓鱈魚角之行成了難忘的旅行。

這個停車盤查，也讓我瞬間清醒，我趕什麼啊，我提醒自己，慢慢來，我景仰的大作家大旅行家保羅．索魯不就住在東三文治嗎？說不定在哪處荒煙蔓草可以遇到本尊，但我更期待，瞧見他在海上對抗急流划獨木舟，如他在〈航向南塔基〉和〈划向普利茅斯〉兩文所述。

還有，我很好奇，到底是什麼樣的景致、讓梭羅在《*Cape Cod*》一書寫出「站在鱈魚角，將美國置之在後」（A man may stand there and put all America behind him）這樣有力的結語？

攤開地圖，鱈魚角狀像一記右鉤拳打到大西洋，激起暗流漩渦波濤四起，地名來自一六〇二年某位船長在這裡捕獲了大量鱈魚，然真正引起關注可能要等到一八四九年梭羅來此徒步旅行，寫了一本迥異於《湖濱散記》森林生活的荒野健行書（梭羅至此才發現真正的荒野是大海），且預言有一天新英格蘭人將蜂擁而至。實際上，要等到一九七〇年代，藝術家與自由主義者群聚於拳頭下的普羅文斯城（Provincetown）創造出某種奇幻氛圍才成為勝地——難道是我的嚮往嗎？

當然不是，普羅文斯城的功能是，離開鱈魚角之前可以讓我在這裡完成觀光客該做的事情，例如去龍蝦鍋（The Lobster Pot）大啖；登上八十公尺高、一九一〇年砌成的花崗岩「天路客紀念碑」（Pilgrim Monument）——一六二〇年自稱「天路客」（Pilgrim）的「五月花號」清教徒移民在此登陸。

「比屯墾普利茅斯還早一個多月，」天氣冷颼颼，紀念碑旁café女主人賣我熱咖啡後與我閒扯，「更重要的，五月花號公約是在這裡簽訂的。」在這裡登陸只是為了補給，舒展筋骨，稍後又航行至普利茅斯，我可以理解她的論點，歷史位置和觀光生意被普利茅斯搶走了，但公約強調的「人民得以憑己意決定自治的方式」，卻開創了日後的美式民主。

「Ptown is where the women are strong and the men are pretty!」她形容這裡是一個女人強悍和男人美麗的地方，比之任何指南的描述還要精闢，接著又說：「普城只有一千人，但下個月來，你會看到，十萬人，很好玩。」這句話讓我慶幸不已，我來得真不是時候。

之2——梭羅的鱈魚角

我在途中岔入與南岸海灘平行的二十八號公路，因為突然想起霍普繪於一九五〇年的〈鱈魚角晨光〉：一個女人站在門廊窗注視窗外……不知道看到了什麼令她神色凝重的景物？鯨魚擱淺？浮屍？或看到某個類似索魯的莽漢在浪濤中划獨木舟？畫家以「小說筆觸」邀請看畫的人去感受這個女人的驚恐。

之前推理小說家卜洛克主編了一本有趣的推理小說《光與暗的故事》，邀請十八位作家各自就霍普的十八張畫寫一篇推理故事，但有人未交稿，卜洛克神來一筆將那張畫〈鱈魚角晨光〉，放在目次頁，意思是，留給讀者自己去想像、去推理、去入戲。其中一個入戲者——我便這樣來到了畫景所在的查特罕（Chatham）海灘區，只見別墅、綠林、沙灘草錯落其中。透過這些單調不過的背景，畫家為其心靈契合之地創造了某種臨界空間，令疏離感和寂寥感瀰漫詩意，令喜歡獨處的旅人為之嚮往。畫作之外，其實還有更寬闊的視野，那是畫家故意忽略的沼澤區，沙灘和沙丘，潮汐區和螃蟹、寄居蟹、貽貝、蛤蜊、海蝸牛、海藻構成地遊客弄潮的場域。

視線再延伸出去，是一連串的險灘、沙洲、暗礁和浪濤，即使天氣良好也非常危險，故此地設有燈塔與電影《絕命救援》描述的海岸防衛隊——一九五二年某日，一位勇敢的隊員在暴風雨中出海搶救觸礁瀕沉的油輪水手，不偏不巧，燈塔失去電力，居民急中生智，紛紛開車至碼頭，用車燈指引救生船返港（總計救出三十二位水手，嚴重超載），哈，美國人愛死這樣的結局了。

忍不住試一下水溫，想不到豔陽高照之下，海水仍那麼冰冷，倘若不幸落水，比起溺斃、遇到大白鯊，更危險的是凍死吧。

車至伊斯特罕（Eastham），此地以鹽塘沼澤著稱，亦有荒漠般的絕崖沙丘，鱈魚角由此展開綿延四十八多公里的沙灘，被規劃為「鱈魚角國家海岸風景區」，將海灘、沙丘、沼澤濕地和附近海面保護起來，好讓笛鴴、燕鷗、紅狐、山貓、白尾鹿與鱟、海豹、海豚、鯨魚繁衍增多。但我覺得此鎮歷史更有趣，概述一下梭羅的記載：

- 一六六二年居民決議，拋上岸的鯨魚，須有一部分作為牧師的供養。
- 一六六五年又決議，藐視《聖經》者須施以體罰，妨礙教會傳統者須關進木牢。
- 一六六七年公投決定，為了保護玉米田，每戶人家須繳交十二隻黑鳥或三隻烏鴉。
- 一六九五年再加一條法令，未婚男子須繳交六隻黑鳥或三隻烏鴉，不從者禁止結婚。但黑鳥愈來愈多，有可能男人都結不了婚，而黑鳥都結婚了。

其實梭羅描述更多的是船難、殘骸、海灘漂流物、浪濤拍岸，以及看海的幻想等。為了書寫，他曾於一八四九年十月、一八五〇年六月和一八五五年十月三次來鱈魚角；建議最佳旅行季節是秋冬，最好再遇到暴風雨帶來冒險的氣氛，對此地海洋面貌才能產生更深刻的印象。

車往威佛利（Wellfleet）。梭羅曾在此地借宿採牡蠣者住家，透過聊天得到書寫的材料，隨興借宿燈塔與農舍是他採集故事的方式，但我只能搭訕、裝迷糊提問、窺視才能得到幾行文字。

途中，我又轉入海岸風景區，尋找一處名為「馬可尼無線電站遺址」的海灘，僅存柱墟和一些廢棄物，紀念馬可尼一九〇一年跨大西洋通訊創舉，為了掩飾此地不堪入鏡的荒蕪，看板特別提到一九〇三年初曾為老羅斯福發了一封電訊給英王愛德華七世，卻沒提及內容。掃興。

今晚就在威佛利找張床吧。我聽從B&B主人推薦，逕往邪惡牡蠣（The Wicked Oyster）品嚐著名的威佛利生蠔，比起日本蠔、澳洲蠔，鹹味更重，就連空氣也比太平洋鹹濕。

一大早便往鱈魚角拳頭端的北土魯洛（North Truro），去看看梭羅貼的標籤「東岸看海最美的地方」，他所謂「不過是一座大湖」的鱈魚角灣——海洋版華爾騰湖，實則是船隻的大墳場，他以詩句「我和許多在船難中罹難的船員親密地交談」來表達共鳴，此地燈塔彷彿標示梭羅的看海位置，故索魯在〈梭羅的鱈魚角〉一文中才會說鱈魚角對梭羅而言：「不是一塊需要探索的土地，而是欣賞大海的一個有利據點。」對探險型作家索魯而言，這句話簡直是溢美之詞。

但不知梭羅和索魯是否也有留意到星空？對我而言，鱈魚角星空無疑是天文版的華爾騰湖，邀請仰望者交出童心來——這是昨晚在海堤觀星的一家人帶給我的啟發。小孩天真地提問，例如：「星星為什麼會閃爍？」老爸不厭其煩地滑手機請示谷歌大神再回答，煞是有趣。我發現若用小孩的視角去觀察，世界會更加豐富奇妙。的確，星空的變化有如大海的風雲莫測。

我繼續前行，一直走到路的盡頭「雷斯岬」（Race Point），除了一座緊閉的哨屋，這裡什麼都沒有，一個什麼都不是的地方，沒有弄潮客，但只要有充足的耐心便能看出潛藏其中的趣味與恐怖，下海灘通道旁兩支警示牌「Rip Current」（離岸流，將人迅速帶往外海）和「Great White Shark」（大白鯊，這裡是牠們嗜吃的海豹繁殖地）說明了一切。

這裡是旅行者的放空領域，一個可以聽到思考轉動的地方。此時頓有所悟，梭羅為什麼要「將美國置之在後」——過去已經遠離，未來的世界正等待追尋，未來想成為什麼樣的人比過去是什麼人來得重要，唯有「遺忘」，讓過去燃燒成一片壯麗絢爛，才能得到追尋的自由與人生的海闊天空。

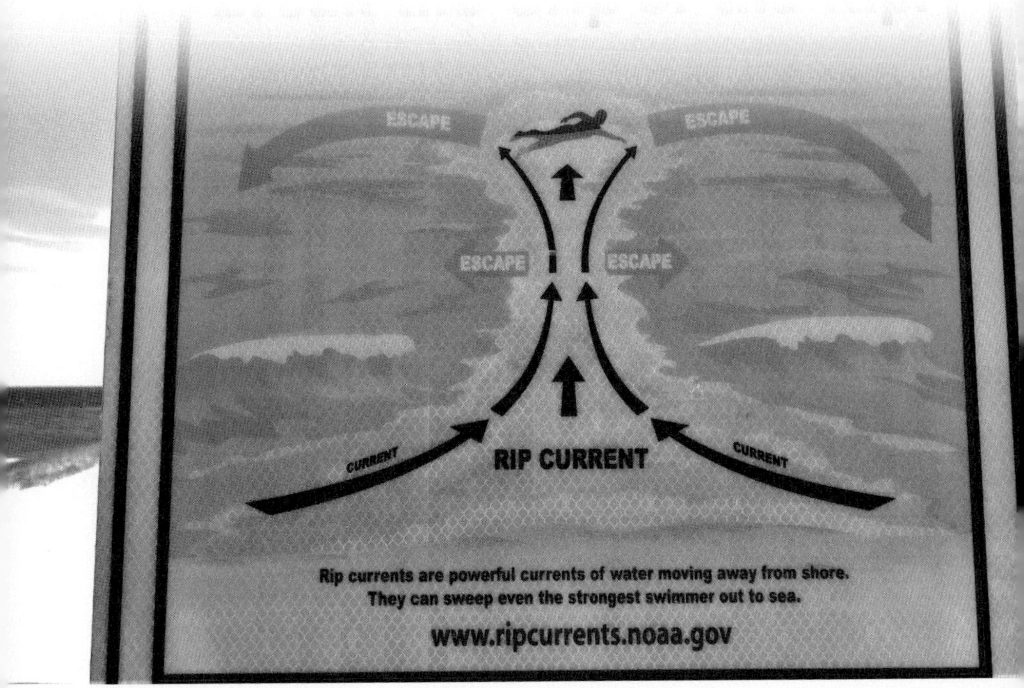

這裡的荒野是為旅行畫上句點的好地方。

與天使摔跤——尋找愛迪生，重新定義自己

作　　者—邱一新
全書照片提供—邱一新
主　　編—李麗玲
副 主 編—廖宏霖
責任企劃—金多誠
封面．內頁設計—黃寶琴、優秀視覺設計
地圖繪製．視覺設計—黃寶琴、優秀視覺設計
內頁排版—立全電腦印前排版有限公司

總 編 輯—曾文娟
董 事 長—趙政岷
出 版 者—時報文化出版企業股份有限公司
一〇八〇一九 台北市和平西路三段二四〇號七樓
發行專線—（〇二）二三〇六六八四二
讀者服務專線—〇八〇〇二三一七〇五
（〇二）二三〇四七一〇三
讀者服務傳真—（〇二）二三〇四六八五八
郵撥—一九三四四七二四時報文化出版公司
信箱—一〇八九九臺北華江橋郵局第九九信箱
時報悅讀網—http://www.readingtimes.com.tw
時報文化臉書—https://www.facebook.com/readingtimes.fans
法律顧問—理律法律事務所　陳長文律師、李念祖律師
印　　刷—勁達印刷有限公司
初版一刷—二〇二一年二月二十六日
定　　價—新台幣四五〇元

與天使摔跤：尋找愛迪生，重新定義自己/邱一新著. -- 初版. -- 臺北市：時報文化出版企業股份有限公司，2021.02
面；　公分
ISBN 978-957-13-8638-6（平裝）

1.遊記 2.旅遊文學 3.世界地理

719　　110001422

ISBN 978-957-13-8638-6（平裝）
Printed in Taiwan